Fleischermeister Tom Nagel

Gulaschkanone und Eintopfofen

Impressum

Autor:	Tom Nagel
Text und Rezepte:	Tom Nagel
Herausgeber:	Peggy Triegel - Verlag Bauernende 5 39164 Wanzleben Tel.: 0178 - 1810398 E-mail: triegel-verlag@gmx.de
Satz und Gestaltung:	Katja von Roschinsky
Druck:	Druckerei / KOPA, druckerei-kopa.de
ISBN:	978-3-9818777-4-8

Ausgabe 2020

1. Auflage

Kontakt: Peggy Triegel - Verlag, Bauernende 5, 39164 Wanzleben-Börde

Fleischermeister Tom Nagel

Gulaschkanone und Eintopfofen

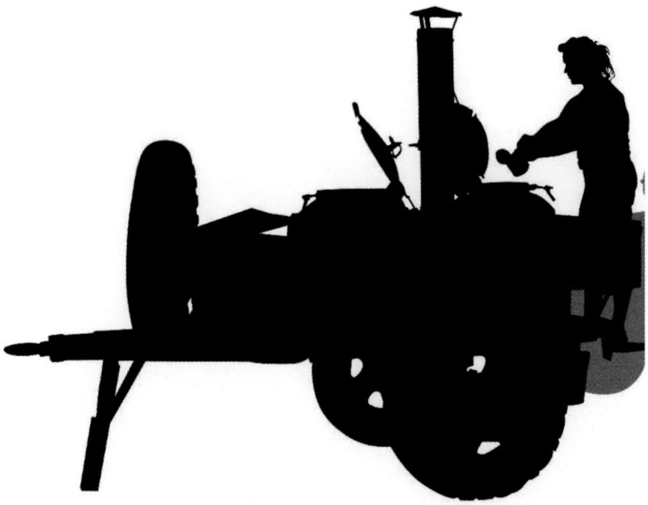

Autorenporträt

Tom Nagel wurde 1969 in Thüringen geboren und entdeckte schon frühzeitig seine Leidenschaft für Fleisch und Wurst.

Deshalb kam für ihn auch nur eine berufliche Tätigkeit in Frage, die den professionellen Umgang mit Fleisch beinhaltet.

Zunächst absolvierte er eine Ausbildung im Fleischerhandwerk, legte dann erfolgreich seine Gesellenprüfung ab und qualifizierte sich anschließend zum Fleischermeister weiter.

Heute lebt Tom Nagel mit seiner Familie in Bayern, betreibt dort eine Metzgerei und unterstützt zusätzlich seine Frau bei der Umsetzung neuer kulinarischer Ideen für ihren Partyservice.

Vorwort

Weil Gulaschkanonen sich hervorragend für die Beköstigung vieler Menschen eignen, gehören sie als mobile Versorgungseinrichtung längst zu jeder öffentlichen und privaten Outdoor-Veranstaltung dazu.

Doch die Speisenvielfalt aus der Gulaschkanone beschränkt sich längst nicht mehr nur auf das Kochen leckerer Suppen und Eintöpfe.

Da in vielen Geräten noch zusätzlich gedämpft, gebraten oder gebacken werden kann, ist auch die schnelle Zubereitung kompletter Gerichte für eine große Personenanzahl kein Problem mehr.

Seitdem wir das Partyservice-Angebot meiner Frau noch zusätzlich durch eine Gulaschkanone ergänzt haben, bin ich von diesem Kochgerät mehr als begeistert.

Und diese Begeisterung möchte ich in diesem Buch gerne mit Ihnen teilen...

Sie erfahren von mir auf den nachfolgenden Seiten alles Wissenswerte rund um die Gulaschkanone und finden dann im großen Rezeptteil viele Anregungen zum Nachkochen von Suppen, Eintöpfen und Fleischgerichten für jeweils 100 Portionen oder 40 Portionen.

Natürlich habe ich mich in meinem Buch auch dem Eintopfofen, als kleinen Vertreter der Gulaschkanone, gewidmet.

Er wird beim Outdoor Cooking im Privatbereich immer beliebter, weil mit ihm viele Gäste zur selben Zeit versorgt werden können.

Neben dem Vorteil, dass der Gastgeber während des Kochens bei seinen Gästen ist, überzeugt auch die große Auswahl der Speisen, die man mit ihm zubereiten kann.

Ich erkläre Ihnen alles Wichtige zum Thema Eintopfofen und stelle Ihnen im anschließenden Rezeptteil eine große Auswahl von rustikalen und leckeren Gerichten zum Nachkochen für jeweils 20 Portionen vor.

Selbstverständlich können alle Gerichte für die Gulaschkanone nach dem Herunterrechnen auf die jeweilige Portionenanzahl auch im Eintopfofen nachgekocht werden.

Ich wünsche Ihnen viel Spaß beim Nachkochen!

Tom Nagel

Inhaltsübersicht

Inhaltsübersicht

Inhaltsübersicht

Inhaltsübersicht

Die Gulaschkanone

In der fahrbaren Feldküche, die umgangssprachlich auch Gulaschkanone genannt wird, können Speisen gekocht, gedämpft, gebraten, gebacken oder warmgehalten werden. Dadurch ist es möglich, neben Suppen und Eintöpfen auch komplette Gerichte schnell zuzubereiten.

Sie besteht aus einem oder mehreren integrierten Dampfgarkesseln, einer Feuerstelle sowie einem Rauchabzug.

Moderne Feldküchen sind neben den Dampfgarkesseln auch mit Brätern, Backröhren und Warmhaltebehältern ausgestattet.

Beheizt wird die Feuerstelle mit Festbrennstoffen, Dieselöl oder Gas.

Da bei der Verwendung einer mobilen Feldküche auch die hohen Betriebskosten eines festen Gastronomiebetriebes entfallen, können die Speisen um einiges preisgünstiger angeboten werden als in einer Gaststätte.

Geschichte

Die erste mobile Feldküche wurde vom Hamburger Apotheker Heinrich Zeise zusammen mit seinem Sohn Theodor entwickelt und 1850 in Hamburg Altona zum Patent angemeldet.

Dabei handelte es sich natürlich noch nicht um eine mobile Feldküche im heutigen Sinne, sondern um einen einfachen, vierrädrigen Handkarren aus Metall, mit einer dampfbetriebenen Kochstelle sowie einem Rohr, durch den der Dampf entweichen konnte.

Anfangs diente diese mobile Dampfküche zur Speisenzubereitung für Arme und Bedürftige, wurde dann aber während der Schleswig-Holsteinischen Erhebung auch als mobile Feldküche vom Militär genutzt.

Erst im Jahr 1892 entwickelte Karl Rudolf Fissler, der viele Jahre als der eigentliche Erfinder galt, in Idar-Oberstein ebenfalls eine mobile Feldküche.

Dieser, auf einen einachsigen Karren montierte Feldkochherd, wurde wie ein Geschütz der Feldartillerie hinter ein Pferdegespann oder in den späteren Jahren hinter ein Zugfahrzeug gehängt.

War die Feldküche dabei nicht in Benutzung, wurde der schwarze Rauchabzug nach hinten umgeklappt und ließ das Kochgerät wie eine Kanone aussehen. So entstand der umgangssprachliche und heutzutage geläufige Name „Gulaschkanone".

Militärische Nutzung

Die Verwendung der Gulaschkanone erleichterte die Zubereitung großer Mengen von Speisen enorm und ermöglichte das Kochen und Warmhalten der Gerichte auch während der Bewegung.

Dadurch setzte sie sich sehr schnell in vielen Armeen als Kochgerät für die Truppenversorgung durch und wird bis heute in großen Stückzahlen im Militär und Katastrophenschutz zur Versorgung eingesetzt.

Zivile Nutzung

Neben dem Einsatz im Militär und Katastrophenschutz findet die Gulaschkanone heutzutage auch in vielen zivilen Bereichen Verwendung.

Immer öfter wird sie dabei von Existenzgründern für den gewerblichen Speisenverkauf genutzt.

Besonders gut eignen sich Gulaschkanonen für die Beköstigung vieler Menschen bei z. B. Stadt- und Dorffesten, Hochzeiten, Vereinsfeiern oder als Erweiterung eines Partyservice-Angebotes.

Auch der Verkauf von Glühwein, Grog oder Tee auf Weihnachts- oder Wintermärkten kann ein weiteres lukratives Standbein sein.

Mit der Gulaschkanone in die Selbständigkeit

Wer sich haupt- oder nebenberuflich mit dem Verkauf von Speisen und Getränken aus der Gulaschkanone selbständig machen möchte und auch langfristig damit erfolgreich sein will, sollte sich auf folgende Aspekte konzentrieren:

- die richtige Auswahl von lukrativen Standorten für die Gulaschkanone, z.B. auf Wochenmärkten, Großveranstaltungen oder vor Baumärkten
- die Sicherung von längerfristigen oder wiederkehrenden Aufträgen, z.B. die Mittagspausenversorgung von Firmen, Betrieben oder Baustellen
- die Sicherung von Aufträgen bei Feiern, Familienfesten, Jubiläen o.ä. durch Kundenempfehlungen, Eigenwerbung und Mundpropaganda
- Registrierung in Auftragsvergabe- und Ausschreibungsportalen
- eigene Internetpräsenz
- ein reichhaltiges und ausgewogenes Speisenangebot, um eine möglichst breite Kundschaft zu erreichen

Der Eintopfofen

Eine kleinere Variante der Gulaschkanone für den Privatgebrauch ist der Eintopfofen, auch Gulaschofen oder Gulaschkessel genannt.

Diese kompakte Kocheinheit besteht aus einem Ofen mit herausnehmbarem Kochtopf und kann durch seitlich angebrachte Griffe mobil eingesetzt werden.

In ihm lassen sich hervorragend alle Arten von Gulaschgerichten, Suppen und Eintöpfen für Partys zubereiten sowie Glühwein und andere Heißgetränke in der kälteren Jahreszeit.

Einige Hersteller bieten ihre Eintopföfen auch in Kombination mit einem Grillrost und gewölbten Kuppeldeckel an, sodass mit diesen Geräten noch zusätzlich direkt und indirekt gegrillt werden kann.

Dadurch ist auch die Zubereitung von saftigen Steaks und Würstchen möglich und sogar große Fleischstücke gelingen problemlos.

Aufbau und Funktionsweise

Im unteren Drittel des Eintopfofens befindet sich der Brennkessel. Von dort aus wird der Ofen mit Holz, Kohle oder Grillbriketts befeuert.

Die dabei entstehende Asche fällt in den darunterliegenden Aschebehälter und der Rauch wird durch das Kaminrohr ins Freie abgeleitet.

Über dem Brennkessel befindet sich der Kochtopf, in dem entweder Speisen zubereitet, erwärmt oder warmgehalten werden können.

Eintopföfen gibt es in unterschiedlichen Ausführungen, die sich hauptsächlich beim Ofenmaterial, dem Topfvolumen und dem mitgelieferten Zubehör unterscheiden.

Um das Kochen, den Transport des Ofens und seine Reinigung so einfach wie möglich zu machen, sollte er aber grundsätzlich mit folgenden Komponenten ausgestattet sein:

- einem bequem zu erreichenden Brennkessel
- einem emaillierten, herausnehmbaren Topf mit Deckel
- einem Kaminrohr aus Edelstahl
- einer Feuertür zum Brennkessel für das einfache Nachlegen des Brennmaterials
- einem herausziehbaren Aschebehälter
- drei Standfüßen und
- zwei seitlichen Griffen

Hilfreiches Zubehör

Hilfreiches Zubehör ist beispielsweise:

- eine Schöpfkelle aus Edelstahl
- eine Ascheschaufel
- eine Röstpfanne für Maronen und
- bei den kombinierten Kugelgrillmodellen ein im Deckel integriertes Thermometer

Die richtige Größe des Eintopfofens

Vor der Anschaffung eines Eintopfofens sollte die Überlegung stehen, wie viele Personen man damit bekochen möchte.

Je größer die Personenanzahl ist, desto größer sollte auch das Volumen des Topfes sein.

Eintopföfen gibt es mit Topfvolumen von 12 Litern bis 50 Litern, wobei Topfgrößen mit 14 Litern oder 15 Litern am gängigsten sind.

Pro Person kalkuliert man dabei 0,5 Liter bis 0,75 Liter Suppe ein.

Aus Sicherheitsgründen darf der Kochtopf aber nie ganz bis zum Rand gefüllt werden und man muss deshalb mindestens einen Liter vom Gesamtvolumen abziehen.

Somit geht man bei einem 15 Liter fassenden Kochtopf von einer tatsächlichen, maximalen Kochmenge von 14 Litern aus.

Hat man normal hungrige Gäste ergibt sich dann folgende Berechnung:

- 14 Liter max. Kochmenge ÷ 0,5 Liter pro Person = 28 Personen

Hat man gute Esser unter den Gästen ergibt sich diese Berechnung:

- 14 Liter max. Kochmenge ÷ 0,75 Liter pro Person = ca. 19 Personen

Also eignet sich ein Eintopfofen mit einem 15 Liter fassenden Kochtopf für die Beköstigung von ca. 19 - 28 Personen.

Diese Berechnung kann mit jeder beliebigen Topfgröße durchgeführt werden, indem man vom Gesamtvolumen mindestens 1 Liter abzieht und die verbleibende Literzahl durch 0,5 Liter bzw. 0,75 Liter teilt.

Worauf man beim Kauf achten sollte

Um minderwertige Billigangebote beim Kauf eines Eintopfofens von vornherein auszuschließen, ist ein genauer Preisvergleich empfehlenswert.

Ist der Ofen deutlich preiswerter als seine übrigen Konkurrenten, würde ich persönlich vom Kauf abraten.

Hat man sich dann für ein bestimmtes Modell entschieden, sollte man den Eintopfofen vor der ersten Benutzung auf seine Beschaffenheit prüfen.

Neben einer insgesamt guten Verarbeitung muss dabei unbedingt überprüft werden, ob die seitlichen Griffe fest angebracht und stabil genug für einen sicheren Transport sind.

Weiterhin müssen auch die drei Standbeine gut verarbeitet und fest unter dem Ofen angebracht sein, damit er nicht umkippen kann.

Außerdem sind noch folgende Ausstattungsmerkmale wichtig:

- eine sehr robuste Kesseltür
- ein ausreichend großer Aschebehälter, um ständiges Ausleeren zu vermeiden
- ein herausnehmbarer Kochtopf mit Deckel zum bequemen Reinigen
- beim Kauf inbegriffenes Zubehör, damit es später nicht teuer nachgekauft werden muss

Der sichere Umgang mit dem Eintopfofen

Damit das Kochen mit dem Eintopfofen auch lange ein schönes Hobby bleibt, sind folgende Sicherheitshinweise zu beachten:

- Sorgen Sie dafür, dass der Ofen immer ausreichend Abstand zu brennbaren oder leichtentzündlichen Material hat.
- Stellen Sie ihn immer auf einen festen und ebenen Untergrund.
- Stellen Sie ihn im Sommer nicht direkt auf den trockenen Rasen.
- Tragen Sie immer feuerfeste Handschuhe, wenn sie den Ofen, Kochtopf oder Topfdeckel anfassen.
- Füllen Sie den Kochtopf nie ganz bis zum Rand.
- Lassen Sie den Ofen während des Gebrauchs nicht unbeaufsichtigt und halten Sie Kinder davon fern.
- Verwenden Sie den Eintopfofen **nie** in geschlossenen Räumen.
- Löschen Sie das Feuer im Ofen vollständig nach dem Kochen.

Rezepte für die Gulaschkanone

Mainzer Karottentopf

Zutaten für 100 Portionen:	Zutaten für 40 Portionen:
8,0 kg Rinderbug	3,2 kg Rinderbug
15 kg Suppenknochen	6,0 kg Suppenknochen
18 kg Möhren, in Scheiben	7,2 kg Möhren, in Scheiben
4,0 kg Kartoffeln, gewürfelt	1,6 kg Kartoffeln, gewürfelt
1,0 kg Zwiebeln, geviertelt	0,4 kg Zwiebeln, geviertelt
1,0 kg Lauch, in Ringen	0,4 kg Lauch, in Ringen
0,5 kg Sellerie, gewürfelt	0,2 kg Sellerie, gewürfelt
28 L Wasser	11,2 L Wasser
1,0 L Süße Sahne	0,4 L Süße Sahne
0,5 L Weißwein, lieblich	0,2 L Weißwein, lieblich
10 Bund Petersilie	4 Bund Petersilie
50 Pimentkörner	20 Pimentkörner
15 Lorbeerblätter	6 Lorbeerblätter
gemahlener Muskat	gemahlener Muskat
Salz nach Geschmack	Salz nach Geschmack
schwarzer Pfeffer nach Geschmack	schwarzer Pfeffer nach Geschmack

Zubereitung:

1. Die Suppenknochen in kaltem Wasser ansetzen, nach dem Aufkochen abschäumen und dann Zwiebeln, Pimentkörner, Lorbeerblätter und Salz zufügen.

2. Danach alles auf kleiner Flamme 60 Minuten köcheln lassen, danach Lauch und Sellerie zugeben und noch weitere 30 Minuten köcheln.

3. Die Brühe anschließend durch ein Sieb gießen und den Rinderbug solange darin kochen, bis er gar ist.

4. Das Fleisch nach dem Abkühlen in 1,5cm große Stücke schneiden und zur Seite stellen.

5. Dann die Kartoffeln und Möhren in der Brühe bissfest kochen, die Rindfleischwürfel zugeben und den Wein sowie die Süße Sahne einrühren.

6. Den Mainzer Karottentopf mit Muskat sowie Pfeffer abschmecken und bei der Ausgabe mit gehackter Petersilie bestreuen.

Weißer Bohneneintopf mit Kasseler

Zutaten für 100 Portionen:

10 kg Kasselerbauch, gewürfelt
10 kg Kartoffeln, gewürfelt
10 kg weiße Bohnen
2,0 kg fetter Speck, gewürfelt
1,5 kg Zwiebeln, gewürfelt
1,0 kg Möhren, gewürfelt
1,0 kg Sellerie, gewürfelt
30 L Wasser
10 Bund Petersilie
1 Bund Bohnenkraut
Majoran nach Geschmack
Salz nach Geschmack
weißer Pfeffer nach Geschmack

Zutaten für 40 Portionen:

4,0 kg Kasselerbauch, gewürfelt
4,0 kg Kartoffeln, gewürfelt
4,0 kg weiße Bohnen
0,8 kg fetter Speck, gewürfelt
0,6 kg Zwiebeln, gewürfelt
0,4 kg Möhren, gewürfelt
0,4 kg Sellerie, gewürfelt
12 L Wasser
4 Bund Petersilie
1/3 Bund Bohnenkraut
Majoran nach Geschmack
Salz nach Geschmack
weißer Pfeffer nach Geschmack

Zubereitung:

1. Die weißen Bohnen im kalten Wasser ansetzen und aufkochen.
2. Nach dem Aufkochen Salz und Kasselerwürfel zugeben, den Kessel verschließen und alles 60 Minuten garen lassen.
3. In der Zwischenzeit im Bratenkessel die Speckwürfel auslassen und Zwiebel-, Sellerie- und Möhrenwürfel darin anrösten.
4. Anschließend alles, zusammen mit den Kartoffelwürfeln, Bohnenkraut, Majoran, Salz und Pfeffer in den Kessel geben.
5. Den Eintopf dann noch weitere 20 Minuten kochen lassen.
6. Danach wird er nochmals abgeschmeckt und vor der Ausgabe mit gehackter Petersilie bestreut.

Linseneintopf mit Blutwurst

Zutaten für 100 Portionen:
8,0 kg Blutwurst, in Scheiben
2,0 kg Bauchspeck, gewürfelt
10 kg Linsen
7,0 kg Kartoffeln, gewürfelt
2,0 kg Möhren, gewürfelt
2,0 kg Zwiebeln, gewürfelt
1,0 kg Sellerie, gewürfelt
28 L Fleischbrühe (Instant)
100 g Bohnenkraut, getrocknet
100 g Majoran, getrocknet
Salz nach Geschmack
schwarzer Pfeffer nach Geschmack

Zutaten für 40 Portionen:
3,2 kg Blutwurst, in Scheiben
0,8 kg Bauchspeck, gewürfelt
4,0 kg Linsen
2,8 kg Kartoffeln, gewürfelt
0,8 kg Möhren, gewürfelt
0,8 kg Zwiebeln, gewürfelt
0,4 kg Zwiebeln, gewürfelt
11,2 L Fleischbrühe (Instant)
40 g Bohnenkraut, getrocknet
40 g Majoran, getrocknet
Salz nach Geschmack
schwarzer Pfeffer nach Geschmack

Zubereitung:

1. Die Linsen ca. 1,5 Stunden in kaltem Wasser einweichen.

2. Danach die Linsen zusammen mit dem Einweichwasser, der Fleischbrühe, dem Majoran und Bohnenkraut 1 Stunde kochen.

3. In der Zwischenzeit im Bratenkessel den Bauchspeck sowie die Zwiebeln goldgelb anbraten.

4. Dann den Speck und die Zwiebeln zusammen mit den Kartoffel-, Sellerie- und Möhrenwürfeln in den Kessel geben.

5. Alles auf kleiner Flamme noch weitere 20 Minuten kochen lassen und mit Salz und Pfeffer pikant abschmecken.

6. Bei der Ausgabe der Suppe drei Blutwurstscheiben auf den Teller legen und den Eintopf darüber geben.

Thüringer Schüssel

Zutaten für 100 Portionen:
10 kg Kalbsbrust
10 kg Grießklöschen
1,0 kg Rosinen
1,0 kg Mandeln, gehackt
1,0 kg Kapern, gehackt
1,0 kg Butter
0,5 kg Semmelbrösel
0,5 kg Mehl
10 L Rinderbrühe (Instant)
25 Bund Suppengrün
etwas gemahlener Muskat
Salz nach Geschmack
weißer Pfeffer nach Geschmack

Zutaten für 40 Portionen:
4,0 kg Kalbsbrust
4,0 kg Grießklöschen
0,4 kg Rosinen
0,4 kg Mandeln, gehackt
0,4 kg Kapern, gehackt
0,4 kg Butter
0,2 kg Semmelbrösel
0,2 kg Mehl
4,0 L Rinderbrühe (Instant)
10 Bund Suppengrün
etwas gemahlener Muskat
Salz nach Geschmack
weißer Pfeffer nach Geschmack

Zubereitung:

1. Die Kalbsbrust in heißem Fett rundherum anbraten, dann das grob zerkleinerte Suppengrün zugeben und 10 Minuten mit anschmoren.

2. Danach so viel kaltes Wasser zugeben bis alles bedeckt ist, Salz und Pfeffer zufügen, den Kessel verschließen und alles 90 Minuten auf kleiner Flamme köcheln lassen.

3. Anschließend die Kalbsbrust herausnehmen und in 1cm große Würfel schneiden.

4. Die Semmelbrösel und das Mehl in der ausgelassenen Butter anrösten, die Kochbrühe des Kalbfleischs zugießen und so viel von der Rinderbrühe auffüllen, dass insgesamt 25 Liter bei 100 Portionen bzw. 10 Liter bei 40 Portionen Flüssigkeit aufgefüllt werden.

5. Danach alles gut umrühren, nach dem Aufkochen die Grießklöschen zugeben und 10 Minuten bei mittlerer Hitze ziehen lassen.

6. Zum Schluss die Kalbfleischwürfel, Rosinen, Kapern und Mandeln zugeben, die Thüringer Schüssel mit Salz, etwas Muskat und weißem Pfeffer abschmecken und noch weitere 5 Minuten köcheln lassen.

Mitternachtseintopf

Zutaten für 100 Portionen:
6,0 kg Hackfleisch, halb & halb
3,0 kg Cabanossi, in Scheiben
8,0 kg Kidney Bohnen
8,0 kg Kartoffeln, gewürfelt
3,0 kg grüne Paprikaschoten
2,0 kg Zwiebeln, gewürfelt
1,5 kg Tomatenmark
10 Knoblauchzehen, gepresst
22 L Rinderbrühe (Instant)
150 g Paprikapulver, edelsüß
Chilipulver nach Geschmack
Zucker nach Geschmack
Salz nach Geschmack

Zutaten für 40 Portionen:
2,4 kg Hackfleisch, halb & halb
1,2 kg Cabanossi, in Scheiben
3,2 kg Kidney Bohnen
3,2 kg Kartoffeln, gewürfelt
1,2 kg grüne Paprikaschoten
0,8 kg Zwiebeln, gewürfelt
0,6 kg Tomatenmark
4 Knoblauchzehen, gepresst
8,8 L Rinderbrühe (Instant)
60 g Paprikapulver, edelsüß
Chilipulver nach Geschmack
Zucker nach Geschmack
Salz nach Geschmack

Zubereitung:

1. Das Hackfleisch auseinanderzupfen und in heißem Schweineschmalz scharf anbraten.

2. Danach Cabanossischeiben, Knoblauch und Zwiebeln zugeben, gut durchbraten und alles in den Kochkessel füllen.

3. Dann die Rinderbrühe aufgießen und alles ein paar Minuten auf kleiner Flamme köcheln lassen.

4. In der Zwischenzeit die Paprikaschoten in Streifen schneiden, mit dem Tomatenmark in den Kochkessel geben und gut umrühren.

5. Anschließend die Kartoffeln zugeben und den Eintopf aufkochen lassen.

6. Nach 20 Minuten Kochzeit die abgegossenen Kidneybohnen zufügen.

7. Den Mitternachtseintopf weitere 10 Minuten köcheln lassen und zum Schluss mit Paprikapulver, Chilipulver, Zucker und Salz abschmecken.

Altberliner Erbsensuppe

Zutaten für 100 Portionen:

8,0 kg Kasselerbauch, gewürfelt
1,5 kg Bauchspeck, gewürfelt
7,0 kg grüne Erbsen, geschält
7,0 kg gelbe Erbsen, geschält
5,0 kg Kartoffeln, gewürfelt
1,0 kg Möhren, gewürfelt
1,0 kg Zwiebeln, gewürfelt
1,0 kg Sellerie, gewürfelt
30 L Fleischbrühe (Instant)
150 g Majoran
60 Pimentkörner
30 Lorbeerblätter
Salz nach Geschmack
schwarzer Pfeffer nach Geschmack

Zutaten für 40 Portionen:

3,2 kg Kasselerbauch, gewürfelt
0,6 kg Bauchspeck, gewürfelt
2,8 kg grüne Erbsen, geschält
2,8 kg gelbe Erbsen, geschält
2,0 kg Kartoffeln, gewürfelt
0,4 kg Möhren, gewürfelt
0,4 kg Zwiebeln, gewürfelt
0,4 kg Sellerie, gewürfelt
12 L Fleischbrühe (Instant)
60 g Majoran
24 Pimentkörner
12 Lorbeerblätter
Salz nach Geschmack
schwarzer Pfeffer nach Geschmack

Zubereitung:

1. Grüne und gelbe Erbsen am Vortag einweichen und am Herstellungstag mit der Fleischbrühe zum Kochen bringen.

2. Majoran, Lorbeerblätter und Pimentkörner zugeben und alles 45 Minuten auf kleiner Flamme köcheln lassen.

3. In der Zwischenzeit im Bratenkessel die Kasseler- und Speckwürfel scharf anbraten.

4. Danach Zwiebeln, Sellerie und Möhren mit in den Bratenkessel geben und alles leicht mit anschwitzen.

5. Wenn die Erbsen weich sind (sie lassen sich dann leicht zwischen den Fingern zerdrücken) Kasseler, Speck, Zwiebeln, Gemüse und Kartoffeln zugeben.

6. Anschließend den Kessel verschließen und die Suppe noch weitere 15 Minuten kochen.

7. Zum Schluss die Altberliner Erbsensuppe kräftig mit Salz und Pfeffer abschmecken.

Kürbis-Fleisch-Eintopf, süß-sauer

Zutaten für 100 Portionen:

8,0 kg Schweineschulter
10 kg Kartoffeln, gewürfelt
10 kg Hokkaido-Kürbisse
2,0 kg Zwiebeln, gewürfelt
5 Knoblauchzehen, gehackt
0,5 L Weinessig
25 L Gemüsebrühe (Instant)
300 g Zucker
80 g Kümmel, ganz
40 g Zimt
25 Lorbeerblätter
Salz nach Geschmack
schwarzer Pfeffer nach Geschmack

Zutaten für 40 Portionen:

3,2 kg Schweineschulter
4,0 kg Kartoffeln, gewürfelt
4,0 kg Hokkaido-Kürbisse
0,8 kg Zwiebeln, gewürfelt
2 Knoblauchzehen, gehackt
0,2 L Weinessig
10 L Gemüsebrühe (Instant)
120 g Zucker
32 g Kümmel, ganz
16 g Zimt
10 Lorbeerblätter
Salz nach Geschmack
schwarzer Pfeffer nach Geschmack

Zubereitung:

1. Das Schweinefleisch in 1cm große Stücke schneiden, salzen und in heißem Schmalz scharf anbraten.

2. Dann Zwiebeln und Knoblauch zugeben, kurz mit anschwitzen und die Gemüsebrühe zugießen.

3. Anschließend Lorbeerblätter und Kümmel zufügen.

4. Den Kessel verschließen und alles 1 Stunde auf kleiner Flamme köcheln lassen.

5. In der Zwischenzeit die Hokkaido-Kürbisse halbieren, entkernen und in Würfel schneiden.

6. Dann die Kürbis- und Kartoffelwürfel mit in den Kessel geben, den Weinessig und Zucker einrühren und alles noch weitere 20 Minuten köcheln.

7. Zum Schluss den Zimt einrühren und den Kürbis-Fleisch-Eintopf pikant mit Salz und Pfeffer abschmecken.

Kartoffelsuppe mit Bockwurst

Zutaten für 100 Portionen:

100 Bockwürste a`100g
2,5 kg Bauchspeck, gewürfelt
1,0 kg fetter Speck, gewürfelt
25 kg Kartoffeln, gewürfelt
1,5 kg Möhren, gewürfelt
1,5 kg Sellerie, gewürfelt
1,0 kg Zwiebeln, gewürfelt
27 L Fleischbrühe (Instant)
50 g Majoran, getrocknet
45 Pimentkörner
25 Lorbeerblätter
Salz nach Geschmack
schwarzer Pfeffer nach Geschmack

Zutaten für 40 Portionen:

40 Bockwürste a`100g
1,0 kg Bauchspeck, gewürfelt
0,4 kg fetter Speck, gewürfelt
10 kg Kartoffeln, gewürfelt
0,6 kg Möhren, gewürfelt
0,6 kg Sellerie, gewürfelt
0,4 kg Zwiebeln, gewürfelt
10,8 L Fleischbrühe (Instant)
20 g Majoran, getrocknet
18 Pimentkörner
10 Lorbeerblätter
Salz nach Geschmack
schwarzer Pfeffer nach Geschmack

Zubereitung:

1. Die Speckwürfel auslassen und dann die Zwiebelwürfel darin glasig andünsten.

2. Danach die Fleischbrühe zugießen und die Kartoffelwürfel, Majoran, Piment und Lorbeerblätter zugeben.

3. Den Kessel verschließen und alles 30 Minuten kochen lassen.

4. Danach die Möhren- und Selleriewürfel zugeben, alles noch weitere 15 Minuten kochen lassen und dann mit einem Stampfer zerkleinern.

5. Die Kartoffelsuppe dann kurz aufkochen lassen, mit Salz und Pfeffer abschmecken und die Heizquelle des Kessels ausschalten.

6. Anschließend die Bockwürste in die Suppe geben und solange ziehen lassen, bis sie heiß sind.

Chinakohl - Eintopf

Zutaten für 100 Portionen:
8,0 kg Lammkeule, ausgelöst
15 kg Chinakohl
3,0 kg gelbe Paprikaschoten
2,0 kg frische Champignons
1,5 kg Zwiebeln, gehackt
5 Knoblauchzehen, gehackt
25 L Fleischbrühe (Instant)
Saft von 3 Zitronen
gemahlener Muskat
Salz nach Geschmack
weißer Pfeffer nach Geschmack

Zutaten für 40 Portionen:
3,2 kg Lammkeule, ausgelöst
6,0 kg Chinakohl
3,0 kg gelbe Paprikaschoten
0,8 kg frische Champignons
0,6 kg Zwiebeln, gehackt
2 Knoblauchzehen, gehackt
10 L Fleischbrühe (Instant)
Saft von 1 ¼ Zitronen
gemahlener Muskat
Salz nach Geschmack
weißer Pfeffer nach Geschmack

Zubereitung:

1. Das Lammfleisch in 1,5 cm große Stücke schneiden.
2. Dann die Fleischwürfel salzen und in heißem Schmalz anbraten.
3. Danach Zwiebeln und Knoblauch zugeben und kurz mit anschwitzen.
4. Anschließend Zitronensaft, Pfeffer sowie etwas Muskat zufügen und die Fleischbrühe aufgießen.
5. Alles gut verrühren und 45 Minuten auf kleiner Flamme köcheln lassen.
6. In der Zwischenzeit Chinakohl, Paprikaschoten und Champignons putzen, in Stücke schneiden und die letzten 15 Minuten mitkochen.
7. Vor der Ausgabe den Chinakohl - Eintopf nochmals pikant mit Salz und Pfeffer abschmecken.

Grünkohleintopf

Zutaten für 100 Portionen:
8,0 kg Mortadella
12 kg frischer Grünkohl
8,0 kg Kartoffeln, gewürfelt
3,0 kg Zwiebeln, in Ringen
1,0 kg geschälte Tomaten
22 L Rinderbrühe (Instant)
0,5 L Speiseöl
60 g Thymian, getrocknet
Saft von 4 Zitronen
Salz nach Geschmack
schwarzer Pfeffer nach Geschmack

Zutaten für 40 Portionen:
3,2 kg Mortadella
4,8 kg frischer Grünkohl
3,2 kg Kartoffeln, gewürfelt
1,2 kg Zwiebeln, in Ringen
0,4 kg geschälte Tomaten
8,8 L Rinderbrühe (Instant)
0,2 L Speiseöl
24 g Thymian, getrocknet
Saft von 1 ½ Zitronen
Salz nach Geschmack
schwarzer Pfeffer nach Geschmack

Zubereitung:

1. Die Zwiebelringe im heißen Speiseöl glasig andünsten.

2. Den Grünkohl waschen, von Stielen und Rippen befreien, grob zerteilen und zu den Zwiebeln geben.

3. Die Rinderbrühe zugießen, den Kessel verschließen und alles 1 Stunde garen lassen.

4. In der Zwischenzeit die Mortadella in 1cm große Würfel schneiden.

5. Dann die Mortadellawürfel zusammen mit den Kartoffeln und Tomaten in den Kessel geben und alles noch weitere 15 Minuten auf kleiner Flamme köcheln lassen.

6. Zum Schluss den Grünkohleintopf pikant mit Zitronensaft, Pfeffer und Salz würzen.

Rheinische Pilzsuppe

Zutaten für 100 Portionen:
2,0 kg geräucherter Speck, gewürfelt
15 kg Champignons
12 kg Kartoffeln, gewürfelt
1,5 kg Zwiebeln, gewürfelt
22 L Fleischbrühe (Instant)
3,0 L Süße Sahne
0,7 L Rotwein, trocken
0,8 kg Mehl
Salz nach Geschmack
weißer Pfeffer nach Geschmack

Zutaten für 40 Portionen:
0,8 kg geräucherter Speck
6,0 kg Champignons
4,8 kg Kartoffeln, gewürfelt
0,6 kg Zwiebeln, gewürfelt
8,8 L Fleischbrühe (Instant)
1,2 L Süße Sahne
0,28 L Rotwein, trocken
320 g Mehl
Salz nach Geschmack
weißer Pfeffer nach Geschmack

Zubereitung:

1. Die Pilze säubern, klein schneiden und zusammen mit den Zwiebel- und Speckwürfeln in heißem Speiseöl anbraten.

2. Dann das Mehl darüber streuen, gut verrühren, die Fleischbrühe auffüllen und alles 10 Minuten auf kleiner Flamme köcheln lassen.

3. Anschließend die Kartoffelwürfel zugeben und alles noch weitere 10 Minuten köcheln lassen.

4. Danach die Suppe mit einem Profi-Stabmixer pürieren, die Süße Sahne und den Wein unterrühren und mit Salz und Pfeffer abschmecken.

Deftiger Möhreneintopf

Zutaten für 100 Portionen:
8,0 kg magerer Schweinebauch
15 kg Möhren, in Scheiben
10 kg Kartoffeln, gewürfelt
1,0 kg Zwiebeln, gewürfelt
18 L Fleischbrühe (Instant)
10 L Wasser
20 Lorbeerblätter
15 Gewürznelken
Salz nach Geschmack
weißer Pfeffer nach Geschmack

Zutaten für 40 Portionen:
3,2 kg magerer Schweinebauch
6,0 kg Möhren, in Scheiben
4,0 kg Kartoffeln, gewürfelt
0,4 kg Zwiebeln, gewürfelt
7,2 L Fleischbrühe (Instant)
4,0 L Wasser
8 Lorbeerblätter
6 Gewürznelken
Salz nach Geschmack
weißer Pfeffer nach Geschmack

Zubereitung:

1. Den Schweinebauch in kaltem Wasser zum Kochen bringen und dann Zwiebelwürfel, Nelken, Lorbeerblätter, Salz und weißen Pfeffer zugeben.

2. Den Kessel verschließen und alles 30 Minuten köcheln lassen.

3. Danach den Bauch herausnehmen, in 1cm große Würfel schneiden, zurück in den Kessel geben und mit der Fleischbrühe auffüllen.

4. Anschließend Möhren und Kartoffeln zugeben, alles weitere 15 Minuten köcheln und den Eintopf dann pikant mit Salz und Pfeffer abschmecken.

Fränkische Käsesuppe

Zutaten für 100 Portionen:

7,0 kg Rinderzunge, gegart
5,0 kg Emmentaler Käse, gerieben
3,0 kg Zwiebeln, gehackt
0,4 kg Tomatenmark
0,2 kg Senf, mittelscharf
7,0 L Milch
18 L heiße Fleischbrühe (Instant)
0,7 kg Mehl
0,5 kg Butter
80 g Paprikapulver, edelsüß
Worcestersoße nach Geschmack
etwas gemahlener Muskat
Salz nach Geschmack

Zutaten für 40 Portionen:

2,8 kg Rinderzunge, gegart
2,0 kg Emmentaler Käse, gerieben
1,2 kg Zwiebeln, gehackt
160 g Tomatenmark
80 g Senf, mittelscharf
2,8 L Milch
7,2 L heiße Fleischbrühe (Instant)
280 g Mehl
200 g Butter
32 g Paprikapulver, edelsüß
Worcestersoße nach Geschmack
etwas gemahlener Muskat
Salz nach Geschmack

Zubereitung:

1. Die Butter auslassen und die gehackten Zwiebeln einige Minuten darin dünsten.

2. Dann das Mehl darüber streuen und alles gut verrühren.

3. Anschließend die heiße Fleischbrühe und die Milch sowie den Senf und das Tomatenmark einrühren.

4. Danach lässt man alles 5 Minuten auf kleiner Flamme köcheln.

5. Dann den Käse unterrühren und die Suppe mit Paprikapulver, Muskat, Worcestersauce und Salz abschmecken.

6. Zum Schluss die Rinderzunge in kleine Würfel schneiden und zugeben.

Tipp: Als Beilage zur Suppe reicht man Baguette oder Weißbrot.

Hessische Blumenkohlsuppe

Zutaten für 100 Portionen:
7,0 kg Hackfleisch vom Schwein
20 kg Blumenkohl
1,3 kg Möhren, gewürfelt
1,2 kg Zwiebeln, gehackt
0,5 kg Semmelbrösel
28 L Fleischbrühe (Instant)
0,5 kg Butter
250 g Mehl
25 Eigelb
Worcestersoße nach Geschmack
Salz nach Geschmack
weißer Pfeffer nach Geschmack

Zutaten für 40 Portionen:
2,8 kg Hackfleisch vom Schwein
8,0 kg Blumenkohl
520 g Möhren, gewürfelt
480 g Zwiebeln, gehackt
200 g Semmelbrösel
11,2 L Milch
200 g Butter
100 g Mehl
10 Eigelb
Worcestersoße nach Geschmack
Salz nach Geschmack
weißer Pfeffer nach Geschmack

Zubereitung:

1. Den Blumenkohl waschen, grob zerkleinern und zusammen mit den Möhren in der Fleischbrühe garkochen.

2. In der Zwischenzeit Hackfleisch, Eigelb, Semmelbrösel, Pfeffer und Salz miteinander vermengen und kleine Klößchen formen.

3. Die Hackfleischklößchen dann zusammen mit den Zwiebeln in heißem Fett anbraten und danach zur Suppe geben.

4. Aus der Butter und dem Mehl eine Schwitze herstellen, die Suppe damit andicken und kurz aufkochen lassen.

5. Zum Schluss die Hessische Blumenkohlsuppe mit Worcestersauce, Salz und weißem Pfeffer abschmecken.

Tipp: Als Beilage zur Suppe reicht man Baguette oder Weißbrot.

Schwarzwälder Gemüsetopf

Zutaten für 100 Portionen:
5,0 kg Rinderschulter
5,0 kg Schweineschulter
12 kg Weißkohl
5,0 kg Kartoffeln, gewürfetl
2,0 kg Tomaten, gewürfelt
2,0 kg Brechbohnen (gefrostet)
1,0 kg Zwiebeln, in Scheiben
1,0 kg Möhren, in Scheiben
0,5 kg Sellerie, in Scheiben
0,5 kg Butter, flüssig
20 L Fleischbrühe (Instant)
Majoran nach Geschmack
geriebener Muskat
Salz nach Geschmack
schwarzer Pfeffer nach Geschmack

Zutaten für 40 Portionen:
2,0 kg Rinderschulter
2,0 kg Schweineschulter
4,8 kg Weißkohl
2,0 kg Kartoffeln, gewürfelt
0,8 kg Tomaten, gewürfelt
0,8 kg Brechbohnen (gefrostet)
0,4 kg Zwiebeln, in Scheiben
0,4 kg Möhren, in Scheiben
0,2 kg Sellerie, in Scheiben
0,2 kg Butter, flüssig
8,0 L Fleischbrühe (Instant)
Majoran nach Geschmack
geriebener Muskat
Salz nach Geschmack
schwarzer Pfeffer nach Geschmack

Zubereitung:

1. Den Weißkohl von den Strünken befreien und in grobe Stücke schneiden, die Bohnen in mundgerechte Stücke brechen.

2. Die Rinder- und Schweineschulter in 1,5cm große Würfel schneiden.

3. Dann das Rindfleisch 30 Minuten in einem Teil der Fleischbrühe kochen lassen.

4. Danach das Schweinefleisch zugeben, den Kessel verschließen und beides weitere 20 Minuten kochen.

5. Anschließend Weißkohl, Bohnen, Möhren, Sellerie, Zwiebeln, Kartoffeln und die restliche Brühe zugeben und alles weitere 30 Minuten kochen.

6. Zum Schluss die Tomatenwürfel sowie die flüssige Butter unterrühren und den Schwarzwälder Gemüsetopf mit Majoran, Muskat, Salz und Pfeffer abschmecken.

Deftiger Wintereintopf

Zutaten für 100 Portionen:

15 kg Eisbeine
3,0 kg Weißkohl, grob gehackt
3,0 kg Rosenkohl (gefrostet)
3,0 kg Rote Zwiebeln, gewürfelt
3,0 kg Möhren, gewürfelt
2,0 kg Steckrüben, gewürfelt
2,0 kg gelbe Rüben, gewürfelt
2,0 kg Lauch, in dünnen Scheiben
2,0 kg Petersilienwurzeln, gehackt
25 L Gemüsebrühe (Instant)
20 Lorbeerblätter
7 Knoblauchzehen, gepresst
100 g Kümmel, gemahlen
Salz nach Geschmack
weißer Pfeffer nach Geschmack

Zutaten für 40 Portionen:

6,0 kg Eisbeine
1,2 kg Weißkohl, grob gehackt
1,2 kg Rosenkohl (gefrostet)
1,2 kg Rote Zwiebeln, gewürfelt
1,2 kg Möhren, gewürfelt
0,8 kg Steckrüben, gewürfelt
0,8 kg gelbe Rüben, gewürfelt
0,8 kg Lauch, in dünnen Scheiben
0,8 kg Petersilienwurzeln, gehackt
10 L Gemüsebrühe (Instant)
8 Lorbeerblätter
3 Knoblauchzehen, gepresst
40 g Kümmel, gemahlen
Salz nach Geschmack
weißer Pfeffer nach Geschmack

Zubereitung:

1. Das Eisbeinfleisch von den Knochen lösen, in mundgerechte Stücke schneiden, salzen und in heißem Öl rundherum anbraten.

2. Dann rote Zwiebeln, Steckrüben, gelbe Rüben und Petersilienwurzel zugeben und leicht mit anschwitzen.

3. Danach 10 Liter der Gemüsebrühe aufgießen und alles aufkochen lassen.

4. Anschließend Rosenkohl, das restliche Gemüse, Lorbeerblätter und Kümmel zugeben und die restliche Gemüsebrühe aufgießen.

5. Den Kessel verschließen und alles 30 Minuten auf kleiner Flamme köcheln lassen.

6. Zum Schluss den Deftigen Wintereintopf pikant mit Salz und weißem Pfeffer abschmecken.

Grüner Bohneneintopf mit Lamm

Zutaten für 100 Portionen:
8,0 kg Lammschulter
1,0 kg Bauchspeck, gewürfelt
14 kg grüne Bohnen (gefrostet)
8,0 kg Kartoffeln, gewürfelt
3,0 kg Möhren, in Scheiben
2,0 kg Zwiebeln, gewürfelt
25 L Fleischbrühe (Instant)
200 g Bohnenkraut, getrocknet
60 g Thymian, getrocknet
Salz nach Geschmack
schwarzer Pfeffer nach Geschmack

Zutaten für 40 Portionen:
3,2 kg Lammschulter
0,4 kg Bauchspeck, gewürfelt
5,6 kg grüne Bohnen (gefrostet)
3,2 kg Kartoffeln, gewürfelt
1,2 kg Möhren, in Scheiben
0,8 kg Zwiebeln, gewürfelt
10 L Fleischbrühe (Instant)
80 g Bohnenkraut, getrocknet
24 g Thymian, getrocknet
Salz nach Geschmack
schwarzer Pfeffer nach Geschmack

Zubereitung:

1. Die Lammschulter in der kalten Fleischbrühe ansetzen, dann aufkochen und den sich eventuell gebildeten Schaum abschöpfen.

2. Nach dem Aufkochen die Schulter solange garen, bis sie bissfest ist.

3. Das Fleisch dann herausnehmen und nach dem Abkühlen in 1,5cm große Würfel schneiden.

4. Die Bohnen, Kartoffeln und Möhren in die Fleischbrühe geben und dann Bohnenkraut und Thymian zufügen.

5. Anschließend alles 20 Minuten auf kleiner Flamme köcheln lassen.

6. In der Zwischenzeit im Bratenkessel den Bauchspeck sowie die Zwiebeln goldgelb anbraten.

7. Danach Speck, Zwiebeln und Fleischwürfel zum Eintopf geben.

8. Zum Schluss den Grünen Bohneneintopf mit Lamm pikant mit Salz und und Pfeffer abschmecken.

Rosenkohl-Eintopf mit Kasseler

Zutaten für 100 Portionen:
9,0 kg Kasselerbauch
12 kg Rosenkohl (gefrostet)
5,0 kg Möhren, grob zerteilt
30 Lauchstangen, in Ringen
15 Petersilienwurzeln, gewürfelt
10 Sellerieknollen, gewürfelt
25 L Wasser
Salz nach Geschmack
weißer Pfeffer nach Geschmack

Zutaten für 40 Portionen:
3,6 kg Kasselerbauch
4,8 kg Rosenkohl (gefrostet)
2,0 kg Möhren, grob zerteilt
12 Lauchstangen, in Ringen
6 Petersilienwurzeln, gewürfelt
4 Sellerieknollen, gewürfelt
10 L Wasser
Salz nach Geschmack
weißer Pfeffer nach Geschmack

Zubereitung:

1. Den Kasselerbauch zusammen mit dem Lauch, der Petersilienwurzel und dem Sellerie in den Kessel geben, das Wasser auffüllen, Salz dazu geben und alles 45 Minuten auf kleiner Flamme köcheln lassen.

2. Dann den Bauch in 1,5cm große Würfel schneiden und beiseitestellen.

3. Danach Rosenkohl und Möhren in den Kessel geben, Salz und weißen Pfeffer zufügen und alles 20 Minuten köcheln.

4. Zum Schluss die Kasselerbauchwürfel wiederzugeben und den Eintopf nochmals pikant mit Salz und weißem Pfeffer abschmecken.

Eintopf mit Grießnocken

Zutaten für 100 Portionen:
20 kg Rinderbeinscheiben
10 kg Grieß
5,0 kg Möhren, gewürfelt
4,0 kg Rosenkohl (gefrostet)
30 Lauchstangen, in Scheiben
15 Petersilienwurzeln
10 Sellerieknollen, gewürfelt
4,0 kg Butter
20 Eier
25 L Wasser
geriebener Muskat
Salz nach Geschmack
weißer Pfeffer nach Geschmack

Zutaten für 40 Portionen:
8,0 kg Rinderbeinscheiben
4,0 kg Grieß
2,0 kg Möhren, gewürfelt
1,6 kg Rosenkohl (gefrostet)
12 Lauchstangen, in Scheiben
6 Petersilienwurzeln
4 Sellerieknollen, gewürfelt
1,6 kg Butter
8 Eier
10 L Wasser
geriebener Muskat
Salz nach Geschmack
weißer Pfeffer nach Geschmack

Zubereitung:

1. Die weiche Butter mit den Eiern verrühren, mit Salz und Muskat würzen, den Grieß untermischen und die Grießmasse eine Stunde kaltstellen.

2. Die Beinscheiben in den Kessel geben, das Wasser auffüllen, salzen und alles 45 Minuten kochen.

3. Dann die Lauchscheiben, grob gehackten Petersilienwurzeln und die Selleriewürfel in den Kessel geben und 15 Minuten mitkochen.

4. Danach die Beinscheiben herausnehmen und das Fleisch vom Knochen lösen.

5. Das Fleisch anschließend in 1,5cm große Würfel schneiden und zurück in den Kessel geben.

6. Mit einem Teelöffel aus der gekühlten Grießmasse Nocken herausstechen, die Nocken in den heißen Eintopf geben und dann 10 Minuten ziehen lassen.

7. Zum Schluss den Eintopf mit Grießnocken pikant mit Salz und Pfeffer abschmecken.

Sächsischer Frühlingstopf

Zutaten für 100 Portionen:
10 kg Kalbsbrust
2,0 kg frischer Speck, gewürfelt
8,0 kg Blumenkohl, in Stücken
8,0 kg Kartoffeln, gewürfelt
5,0 kg geschälte Tomaten
5,0 kg Möhren, in Scheiben
2,5 kg Zwiebeln, gehackt
10 Kohlrabi, gewürfelt
5 Sellerieknollen, gewürfelt
25 L Rinderbrühe (Instant)
120 g Thymian, getrocknet
Salz nach Geschmack
weißer Pfeffer nach Geschmack

Zutaten für 40 Portionen:
4,0 kg Kalbsbrust
0,8 kg frischer Speck
3,2 kg Blumenkohl, in Stücken
3,2 kg Kartoffeln, gewürfelt
2,0 kg geschälte Tomaten
2,0 kg Möhren, in Scheiben
1,0 kg Zwiebeln, gehackt
4 Kohlrabi, gewürfelt
2 Sellerieknollen, gewürfelt
10 L Rinderbrühe (Instant)
48 g Thymian (getrocknet)
Salz nach Geschmack
weißer Pfeffer nach Geschmack

Zubereitung:

1. Das Kalbsfleisch in 2cm große Würfel schneiden, etwas salzen und zusammen mit den Zwiebeln im ausgelassenen Speck anbraten.

2. Wenn die Zwiebeln eine goldgelbe Farbe angenommen haben, etwas Mehl darüber streuen.

3. Dann die geschälten Tomaten, den Thymian sowie Salz und Pfeffer zugeben und kräftig umrühren.

4. Danach die Rinderbrühe aufgießen, gut umrühren, den Kessel verschließen und alles 30 Minuten auf kleiner Flamme köcheln.

5. Anschließend das restliche Gemüse zugeben und den Eintopf noch weitere 30 Minuten köcheln.

6. Zum Schluss den Sächsischen Frühlingstopf pikant mit Salz und Pfeffer abschmecken.

Klassischer Fleischtopf

Zutaten für 100 Portionen:

15 kg Rinderkeule, ausgelöst
7,5 kg geschälte Tomaten
2,0 kg Schalotten, grob gehackt
10 Knoblauchzehen, gehackt
24 L Fleischbrühe (Instant)
1,0 L kräftiger, trockener Rotwein
60 g frischer Salbei
50 g frischer Rosmarin
Salz nach Geschmack
schwarzer Pfeffer nach Geschmack

Zutaten für 40 Portionen:

6,0 kg Rinderkeule, ausgelöst
3,0 kg geschälte Tomaten
0,8 kg Schalotten, grob gehackt
4 Knoblauchzehen, gehackt
9,6 L Fleischbrühe (Instant)
0,4 L trockener, kräftiger Rotwein
24 g frischer Salbei
20 g frischer Rosmarin
Salz nach Geschmack
schwarzer Pfeffer nach Geschmack

Zubereitung:

1. Das Rindfleisch in 1cm große Würfel schneiden, etwas salzen und in heißem Öl rundherum anbraten

2. Anschließend die Schalotten sowie den Knoblauch zufügen und kurz mit anschwitzen.

3. In der Zwischenzeit den Salbei und Rosmarin hacken und dann mit den Tomaten in den Kessel geben,

4. Danach gut rumrühren und alles 20 Minuten schmoren lassen.

5. Dann Fleischbrühe und den Wein aufgießen, den Kessel verschließen und alles 1 Stunde auf kleiner Flamme köcheln lassen.

6. Zum Schluss den Klassischen Fleischtopf pikant mit Salz und Pfeffer abschmecken.

Tipp: Als Beilage zum Fleischtopf reicht man Baguette, Weißbrot oder Brötchen.

Paprika - Gulaschtopf

Zutaten für 100 Portionen:

13 kg Schweinegulasch
1,5 kg geräucherter Speck
4,0 kg Zwiebeln, klein gewürfelt
2,0 kg geschälte Tomaten
20 rote Paprikaschoten
17 L Fleischbrühe (Instant)
150 g Paprikapulver, edelsüß
20 Lorbeerblätter
Salz nach Geschmack
schwarzer Pfeffer nach Geschmack

Zutaten für 40 Portionen:

5,2 kg Schweinegulasch
0,6 kg geräucherter Speck
1,6 kg Zwiebeln, klein gewürfelt
0,8 kg geschälte Tomaten
8 rote Paprikaschoten
6,8 L Fleischbrühe (Instant)
60 g Paprikapulver, edelsüß
8 Lorbeerblätter
Salz nach Geschmack
schwarzer Pfeffer nach Geschmack

Zubereitung:

1. Das Schweinegulasch und den in kleine Würfel geschnittenen Speck in heißem Öl anbraten.

2. Dann die Zwiebel zugeben und kurz mit anschwitzen.

3. Danach die Fleischbrühe aufgießen und Lorbeerblätter, Paprikapulver, Salz und Pfeffer zufügen.

4. Den Kessel verschließen und alles 45 Minuten köcheln lassen.

5. Anschließend die gewaschenen, entkernten und klein geschnittenen Paprikaschoten und die geschälten Tomaten zugeben.

6. Den Paprika-Gulaschtopf dann noch weitere 20 Minuten köcheln lassen und zum Schluss pikant mit Salz und Pfeffer abschmecken.

Tipp: Als Beilage zum Gulaschtopf reicht man Baguette, Weißbrot oder Brötchen.

Eintopf mit Schaffleisch

Zutaten für 100 Portionen:

10 kg Schafschulter
8,0 kg Kartoffeln, gewürfelt
5,0 kg Möhren, in Scheiben
2,5 kg Zwiebeln, in Scheiben
2,0 kg geschälte Tomaten
15 Lauchstangen, in Scheiben
10 Kohlrabi, gewürfelt
5 Sellerieknollen, gewürfelt
17 L Fleischbrühe (Instant)
80 g Thymian, getrocknet
15 Lorbeerblätter
Estragon nach Geschmack
Salz nach Geschmack
schwarzer Pfeffer nach Geschmack

Zutaten für 40 Portionen:

4,0 kg Schafschulter
3,2 kg Kartoffeln, gewürfelt
2,0 kg Möhren, in Scheiben
1,0 kg Zwiebeln, in Scheiben
0,8 kg geschälte Tomaten
6 Lauchstangen, in Scheiben
4 Kohlrabi, gewürfelt
2 Sellerieknollen, gewürfelt
6,8 L Fleischbrühe (Instant)
32 g Thymian, getrocknet
6 Lorbeerblätter
Estragon nach Geschmack
Salz nach Geschmack
schwarzer Pfeffer nach Geschmack

Zubereitung:

1. Das Schaffleisch in 1cm große Würfel schneiden, etwas salzen und in heißem Schmalz anbraten.

2. Dann die Zwiebeln zufügen und mit anschwitzen.

3. Danach Möhren, Lauch, Kohlrabi, Sellerie, Kartoffeln sowie geschälte Tomaten zugeben und gut umrühren.

4. Die Fleischbrühe aufgießen, Thymian und Lorbeerblätter zugeben und den Kessel verschließen.

5. Anschließend alles 1 Stunde auf kleiner Flamme köcheln lassen.

6. Zum Schluss den Eintopf mit Schaffleisch pikant mit Estragon, Salz und Pfeffer abschmecken.

Deftige Gulaschsuppe

Zutaten für 100 Portionen:
8,0 kg Rinderschulter
8,0 kg Schweineschulter
8,0 kg geschälte Tomaten
5,0 kg Schalotten
25 L Fleischbrühe (Instant)
0,3 kg Senf, mittelscharf
15 Knoblauchzehen, gehackt
10 kleine Zimtstangen
20 Lorbeerblätter
200 g Paprikapulver, edelsüß
100 g Paprikapulver, rosenscharf
40 g Currypulver
Salz nach Geschmack
schwarzer Pfeffer nach Geschmack

Zutaten für 40 Portionen:
3,2 kg Rinderschulter
3,2 kg Schweineschulter
3,2 kg geschälte Tomaten
2,0 kg Schalotten
10 L Fleischbrühe (Instant)
120 g Senf, mittelscharf
6 Knoblauchzehen, gehackt
4 kleine Zimtstangen
8 Lorbeerblätter
80 g Paprikapulver, edelsüß
40 g Paprikapulver, rosenscharf
16 g Currypulver
Salz nach Geschmack
schwarzer Pfeffer nach Geschmack

Zubereitung:

1. Das Fleisch in 1cm große Würfel und die Schalotten in dünne Scheiben schneiden.

2. Die Fleischwürfel dann in heißem Schmalz anbraten und dabei etwas salzen und pfeffern.

3. Danach die Hälfte der Schalotten und den Knoblauch zugeben, kurz mit anschwitzen und das Paprika- und Currypulver einrühren.

4. Die Fleischbrühe aufgießen, Tomaten, Zimt Lorbeerblätter und Senf zugeben und alles gut umrühren.

5. Den Kessel verschließen und alles 1 Stunde auf kleiner Flamme köcheln lassen.

6. Anschließend die restlichen Schalotten hineingeben und die Suppe noch weitere 20 Minuten köcheln lassen.

7. Zum Schluss die Deftige Gulaschsuppe pikant mit Salz und Pfeffer abschmecken.

Kesselgulasch

Zutaten für 100 Portionen:
15 kg Gulasch, halb & halb
6,0 kg Kartoffeln, gewürfelt
6,0 kg geschälte Tomaten
5,0 kg Zwiebeln, gehackt
2,0 kg Mais (Konserve)
20 Paprikaschoten, gemischt
10 Knoblauchzehen, gepresst
1,0 L Süße Sahne
0,5 L Saure Sahne
150 g Paprikapulver, rosenscharf
40 g Kümmel, gemahlen
Salz nach Geschmack
Wasser nach Bedarf

Zutaten für 40 Portionen:
6,0 kg Guasch, halb & halb
2,4 kg Kartoffeln, gewürfelt
2,4 kg geschälte Tomaten
2,0 kg Zwiebeln, gehackt
0,8 kg Mais (Konserve)
8 Paprikaschoten, gemischt
4 Knoblauchzehen, gepresst
0,4 L Süße Sahne
0,2 L Saure Sahne
60 g Paprikapulver, rosenscharf
16 g Kümmel, gemahlen
Salz nach Geschmack
Wasser nach Bedarf

Zubereitung:

1. Die Fleischwürfel salzen und in heißem Schmalz scharf anbraten.

2. Danach Zwiebeln und Knoblauch zugeben und kurz mit anschwitzen.

3. Das Paprikapulver darüber streuen, gut umrühren und sofort mit lauwarmem Wasser ablöschen.

4. Dann Salz und Kümmel zufügen, alles 1 Stunde schmoren lassen und wenn nötig, Wasser auffüllen.

5. Anschließend die geputzten und in kleine Stücke geschnittenen Paprikaschoten zusammen mit den Kartoffelwürfeln und geschälten Tomaten in den Kessel geben und alles noch weitere 30 Minuten garen.

6. Zum Schluss den Mais zugeben, die Süße und Saure Sahne unterrühren und das Kesselgulasch nach dem Aufkochen mit Salz abschmecken.

Fleischsoljanka

Zutaten für 100 Portionen:

12 kg Rinderbrust
2,5 kg geräucherter Speck
5,0 kg Zwiebeln, klein gewürfelt
1,2 kg Möhren, gewürfelt
1,5 kg Tomatenmark
50 Salzgurken
10 Petersilienwurzeln
18 L Wasser
40 Pimentkörner
20 Lorbeerblätter
Salz nach Geschmack
schwarzer Pfeffer nach Geschmack

Zutaten für 40 Portionen:

4,8 kg Rinderbrust
1,0 kg geräucherter Speck
2,0 kg Zwiebeln, klein gewürfelt
480 g Möhren, gewürfelt
0,6 kg Tomatenmark
20 Salzgurken
4 Petersilienwurzeln
7,2 L Wasser
16 Pimentkörner
8 Lorbeerblätter
Salz nach Geschmack
schwarzer Pfeffer nach Geschmack

Zubereitung:

1. Die Rinderbrust in dem kalten Wasser ansetzen.

2. Nach dem Aufkochen die Möhren, grob zerkleinerten Petersilienwurzeln, die Hälfte der Zwiebeln sowie Pimentkörner, Lorbeerblätter, Salz und Pfeffer zugeben.

3. Den Kessel verschließen und alles 1 Stunde kochen lassen.

4. Danach die Rinderbrust herausnehmen, nach dem Abkühlen in 1,5cm große Würfel schneiden und die Brühe durch ein Sieb gießen.

5. Den klein gewürfelten Speck mit den restlichen Zwiebeln in heißem Öl goldgelb anbraten, das Tomatenmark zurühren und mit 5 Litern der Rinderkochbrühe ablöschen.

6. Die Salzgurken in dünne Scheiben raspeln, zusammen mit den Rindfleischwürfeln dazu geben und die restliche Rinderkochbrühe auffüllen.

7. Die Fleischsoljanka noch weitere 15 Minuten köcheln lassen und zum Schluss pikant mit Salz und Pfeffer abschmecken.

Wurstsoljanka

Zutaten für 100 Portionen:

8,0 kg Jagdwurst, gewürfelt
8,0 kg Fleischwurst, gewürfelt
2,5 kg geräucherter Speck
5,0 kg Zwiebeln, gewürfelt
2,5 kg Tomatenmark
50 Saure Gurken, gewürfelt
10 Knoblauchzehen, gepresst
18 L Fleischbrühe (Instant)
120 g Paprikapulver, edelsüß
Salz nach Geschmack
schwarzer Pfeffer nach Geschmack

Zutaten für 40 Portionen:

3,2 kg Jagdwurst, gewürfelt
3,2 kg Fleischwurst, gewürfelt
1,0 kg geräucherter Speck
2,0 kg Zwiebeln, gewürfelt
1,0 kg Tomatenmark
20 Saure Gurken, gewürfelt
4 Knoblauchzehen, gepresst
7,2 L Fleischbrühe (Instant)
48 g Paprikapulver, edelsüß
Salz nach Geschmack
schwarzer Pfeffer nach Geschmack

Zubereitung:

1. Die Zwiebeln und den klein gewürfelten Speck in heißem Öl glasig dünsten.

2. Dann die Jagd- und Fleischwurstwürfel sowie die Sauren Gurken und den Knoblauch zugeben und unter mehrmaligem Rühren 10 Minuten dünsten.

3. Danach das Paprikapulver darüber streuen, die Fleischbrühe aufgießen, gut umrühren und alles 20 Minuten köcheln lassen.

4. Zum Schluss die Soljanka kräftig mit Salz und Pfeffer abschmecken.

Vegetarischer Fenchel-Eintopf

Zutaten für 100 Portionen:	**Zutaten für 40 Portionen:**
20 kg Fenchelknollen	8,0 kg Fenchelknollen
10 kg Kartoffeln, gewürfelt	4,0 kg Kartoffeln, gewürfelt
3,0 kg Schalotten, grob gehackt	1,2 kg Schalotten, grob gehackt
2,0 kg Kapern, gehackt	0,8 kg Kapern, gehackt
15 Knoblauchzehen, gehackt	6 Knoblauchzehen, gehackt
20 L Gemüsebrühe (Instant)	8,0 L Gemüsebrühe (Instant)
3,0 L Süße Sahne	1,2 L Süße Sahne
1,2 kg Butter	480 g Butter
0,8 kg Tomatenmark	320 g Tomatenmark
Salz nach Geschmack	Salz nach Geschmack
weißer Pfeffer nach Geschmack	weißer Pfeffer nach Geschmack

Zubereitung:

1. Die Fenchelknollen waschen, putzen, halbieren und nach dem Entfernen des Strunkes in feine Streifen schneiden.

2. Danach die Fenchelstreifen zusammen mit den gehackten Schalotten in der ausgelassenen Butter anschwitzen.

3. Anschließend mit der Gemüsebrühe ablöschen und die Kartoffelwürfel zugeben.

4. Dann das Tomatenmark einrühren und die Kapern zufügen.

5. Den Kessel verschließen und alles 20 Minuten auf kleiner Flamme köcheln lassen.

6. Danach den Fenchel-Eintopf mit einem Profi-Stabmixer pürieren, die Süße Sahne unterrühren und mit Salz und Pfeffer abschmecken.

Tipp: Als Beilage zum Fenchel-Eintopf reicht man Baguette, Weißbrot oder Brötchen.

Pfälzer Linsen, vegetarisch

Zutaten für 100 Portionen:

25 kg Linsen (Konserve)
5,0 kg Rahmspinat (gefrostet)
3,0 kg Zwiebeln, fein gehackt
10 Knoblauchzehen, gepresst
24 L Gemüsebrühe (Instant)
120 g Majoran, getrocknet
60 g Koriander, gemahlen
Salz nach Geschmack
weißer Pfeffer nach Geschmack

Zutaten für 40 Portionen:

10 kg Linsen (Konserve)
2,0 kg Rahmspinat (gefrostet)
1,2 kg Zwiebeln, fein gehackt
4 Knoblauchzehen, gepresst
9,6 L Gemüsebrühe (Instant)
48 g Majoran, getrocknet
24 g Koriander, gemahlen
Salz nach Geschmack
weißer Pfeffer nach Geschmack

Zubereitung:

1. Die Zwiebeln in heißem Öl anschmoren, Majoran und Koriander zufügen und gut umrühren.

2. Dann den Knoblauch, die Linsen samt Flüssigkeit und die Gemüsebrühe zugeben und wieder gut umrühren.

3. Danach alles 15 Minuten auf kleiner Flamme köcheln lassen.

4. Anschließend den Spinat in die Suppe geben und die Pfälzer Linsen nach einer weiteren Kochzeit von 15 Minuten pikant mit Salz und Pfeffer abschmecken.

Senfsuppe, vegetarisch

Zutaten für 100 Portionen:

13 kg getrocknete Pilze
4,0 kg Zwiebeln, fein gehackt
1,0 kg grober Senf, würzig
1,0 kg Senf, mittelscharf
0,8 kg Butter
20 L Gemüsebrühe (Instant)
2,0 L Süße Sahne
50 g Schnittlauch, getrocknet
50 g Petersilie, getrocknet
30 g Dill, getrocknet
Salz nach Geschmack
weißer Pfeffer nach Geschmack

Zutaten für 40 Portionen:

5,2 kg getrocknete Pilze
1,6 kg Zwiebeln, fein gehackt
0,4 kg grober Senf, würzig
0,4 kg Senf, mittelscharf
320 g Butter
8,0 L Gemüsebrühe (Instant)
0,8 L Süße Sahne
20 g Schnittlauch, getrocknet
20 g Petersilie, getrocknet
12 g Dill, getrocknet
Salz nach Geschmack
weißer Pfeffer nach Geschmack

Zubereitung:

1. Die getrockneten Pilze gut waschen und 3 Stunden in kaltem Wasser einweichen.

2. Danach die Pilze klein hacken und zusammen mit den Zwiebeln in der ausgelassenen Butter anschwitzen.

3. Anschließend mit der Gemüsebrühe ablöschen.

4. Dann Senf, Schnittlauch, Dill, Petersilie, Salz und Pfeffer zugeben und gut umrühren.

5. Die Suppe danach 15 Minuten auf kleiner Flamme köcheln lassen.

6. Zum Schluss die Süße Sahne einrühren und die Senfsuppe bei Bedarf nochmals mit Salz und weißem Pfeffer abschmecken.

Tipp: Als Beilage zur Senfsuppe reicht man Baguette, Weißbrot oder Brötchen.

Cremige Maissuppe, vegetarisch

Zutaten für 100 Portionen:

16 kg Mais (Konserve)
4,0 kg Zwiebeln, fein gehackt
20 gelbe Paprikaschoten
1,2 kg Butter
0,5 kg Mehl
10 L Milch
8,0 L Gemüsebrühe (Instant)
2,0 L Creme fraiche
100 g Currypulver
Salz nach Geschmack
weißer Pfeffer nach Geschmack

Zutaten für 40 Portionen:

6,4 kg Mais (Konserve)
1,6 kg Zwiebeln, fein gehackt
8 gelbe Paprikaschoten
480 g Butter
200 g Mehl
4,0 L Milch
3,2 L Gemüsebrühe (Instant)
0,8 L Creme fraiche
40 g Currypulver
Salz nach Geschmack
weißer Pfeffer nach Geschmack

Zubereitung:

1. Die Zwiebeln in der ausgelassenen Butter glasig andünsten, die vom Gehäuse befreiten und in kleine Stücke geschnittenen Paprikaschoten sowie den Mais zugeben und beides 10 Minuten mit anschmoren.

2. Danach das Mehl darüber streuen, alles gut verrühren, die Milch sowie Gemüsebrühe aufgießen und Creme fraiche und Currypulver einrühren.

3. Die Suppe anschließend 15 Minuten auf kleiner Flamme köcheln lassen.

4. Zum Schluss die Maissuppe mit einem Profi-Stabmixer cremig pürieren und pikant mit Salz und weißem Pfeffer abschmecken.

Chilitopf

Zutaten für 100 Portionen:

15 kg Schweineschulter
3,0 kg grüne Paprikaschoten
3,0 kg rote Paprikaschoten
3,0 kg geschälte Tomaten
2,0 kg Zwiebeln, gewürfelt
10 Knoblauchzehen, gepresst
4 frische Chilischoten
15 L Fleischbrühe (Instant)
150 g Paprikapulver, edelsüß
80 g Chilipulver
Salz nach Geschmack
weißer Pfeffer nach Geschmack

Zutaten für 40 Portionen:

6,0 kg Schweineschulter
1,2 kg grüne Paprikaschoten
1,2 kg rote Paprikaschoten
1,2 kg geschälte Tomaten
0,8 kg Zwiebeln, gewürfelt
4 Knoblauchzehen, gepresst
1 ½ frische Chilischoten
6,0 L Fleischbrühe (Instant)
60 g Paprikapulver, edelsüß
32 g Chilipulver
Salz nach Geschmack
weißer Pfeffer nach Geschmack

Zubereitung:

1. Die Schweineschulter in 1cm große Würfel schneiden und zusammen mit den Zwiebeln in heißem Öl anbraten.

2. Dann das Paprikapulver darüber streuen, kurz mitrösten und die Fleischbrühe zugießen.

3. Danach die gewaschenen, entkernten und in mundgerechte Stücke geschnittenen Paprikaschoten und geschälten Tomaten zugeben.

4. Den Kessel verschließen und alles 45 Minuten auf kleiner Flamme köcheln lassen.

5. Anschließend die halbierten, entkernten und kleingeschnittenen Chilischoten, den Knoblauch und das Chilipulver zufügen und alles noch weitere 15 Minuten köcheln lassen.

6. Zum Schluss den Chilitopf pikant mit Salz und Pfeffer abschmecken.

Tipp: Als Beilage zum Chilitopf reicht man Baguette, Weißbrot oder Brötchen.

Saubohnen mit Mettenden

Zutaten für 100 Portionen:

100 Mettenden
5,0 kg Bauchspeck, geräuchert
17 kg Saubohnen (Dicke Bohnen)
13 kg Möhren, in Scheiben
2,0 kg geschälte Tomaten
2,0 kg Zwiebeln, gehackt
10 L Fleischbrühe (Instant)
120 g Paprikapulver, rosenscharf
35 g Majoran, getrocknet
Salz nach Geschmack
schwarzer Pfeffer nach Geschmack

Zutaten für 40 Portionen:

40 Mettenden
2,0 kg Bauchspeck, geräuchert
6,8 kg Saubohnen (Dicke Bohnen)
5,2 kg Möhren, in Scheiben
0,8 kg geschälte Tomaten
0,8 kg Zwiebeln, gehackt
4,0 L Fleischbrühe (Instant)
48 g Paprikapulver, rosenscharf
14 g Majoran, getrocknet
Salz nach Geschmack
schwarzer Pfeffer nach Geschmack

Zubereitung:

1. Den geräucherten Bauchspeck klein würfeln und zusammen mit den Zwiebeln in heißem Öl anbraten.

2. Dann die Mettenden, Saubohnen samt Flüssigkeit, Möhren sowie die geschälten Tomaten zugeben.

3. Danach die Fleischbrühe aufgießen und das Paprikapulver und den Majoran einrühren

4. Den Kessel verschließen und alles 30 Minuten auf kleiner Flamme köcheln lassen.

5. Zum Schluss die Saubohnen bei Bedarf nochmals mit Salz und Pfeffer abschmecken.

Tipp: Als Beilage reicht man Baguette, Weißbrot oder Brötchen.

Chili beef mit roten Bohnen

Zutaten für 100 Portionen:

17 kg Corned beef (Dose)
5,0 kg fetter Speck
15 kg Kidney Bohnen (Dose)
10 kg geschälte Tomaten
3,0 kg Zwiebeln, gewürfelt
20 Paprikaschoten, gemischt
30 L Fleischbrühe (Instant)
150 g Cayennepfeffer
150 g Paprikapulver, edelsüß
Salz nach Geschmack

Zutaten für 40 Portionen:

6,8 kg Corned beef (Dose)
2,0 kg fetter Speck
6,0 kg Kidney Bohnen (Dose)
4,0 kg geschälte Tomaten
1,2 kg Zwiebeln, gewürfelt
8 Paprikaschoten, gemischt
12 L Fleischbrühe (Instant)
60 g Cayennepfeffer
60 g Paprikapulver, edelsüß
Salz nach Geschmack

Zubereitung:

1. Den fetten Speck klein würfeln und auslassen.

2. Die Zwiebeln zugeben und glasig darin andünsten.

3. Danach die gewaschenen, entkernten und in mundgerechte Stücke geschnittenen Paprikaschoten zugeben.

4. Die Fleischbrühe aufgießen, Cayennepfeffer und Paprikapulver zufügen und alles 10 Minuten auf kleiner Flamme köcheln lassen.

5. Anschließend das in kleine Würfel geschnittene Corned beef, die Kidney Bohnen und geschälten Tomaten zugeben und das Chili noch weitere 15 Minuten köcheln lassen.

6. Zum Schluss das Chili beef bei Bedarf nochmals mit Salz abschmecken.

Tipp: Als Beilage zum Chili beef reicht man Baguette, Weißbrot oder Brötchen.

Deftige Gehacktesstippe

Zutaten für 100 Portionen:
25 kg Hackfleisch vom Schwein
3,5 kg geschälte Tomaten
3,0 kg Zwiebeln, gewürfelt
200 g Paprikapulver, edelsüß
gekörnte Brühe nach Geschmack
Ketchup nach Geschmack
Salz nach Geschmack
schwarzer Pfeffer nach Geschmack

Zutaten für 40 Portionen:
10 kg Hackfleisch vom Schwein
1,4 kg geschälte Tomaten
1,2 kg Zwiebeln, gewürfelt
80 g Paprikapulver, edelsüß
gekörnte Brühe nach Geschmack
Ketchup nach Geschmack
Salz nach Geschmack
schwarzer Pfeffer nach Geschmack

Zubereitung:

1. Das Hackfleisch zerrupfen, mit Salz und Pfeffer würzen und unter ständigem Rühren in heißem Fett scharf anbraten.

2. Kurz vor Ende des Bratvorgangs das Paprikapulver sowie die geschälten Tomaten und Zwiebelwürfel zugeben und gut umrühren.

3. Danach so viel heißes Wasser auffüllen, bis alles gut bedeckt ist

4. Die Gehacktesstippe dann mit gekörnter Brühe und etwas Ketchup abschmecken.

5. Den Kessel verschließen und alles 20 Minuten auf kleiner Flamme köcheln lassen.

6. Bei Bedarf ist eventuell noch heißes Wasser aufzufüllen und/oder die Gehacktesstippe vor der Ausgabe etwas anzudicken.

Tipp: Als Beilage zur Deftigen Gehacktesstippe reicht man Reis oder Salzkartoffeln.

Hackfleisch nach Szegediner Art

Zutaten für 100 Portionen:
14 kg Hackfleisch vom Schwein
17 kg Sauerkraut
2,5 kg Tomatenmark
2,0 kg Zwiebeln, gehackt
23 L Fleischbrühe (Instant)
150 g Kümmel, gemahlen
Salz nach Geschmack
schwarzer Pfeffer nach Geschmack

Zutaten für 40 Portionen:
5,6 kg Hackfleisch vom Schwein
6,8 kg Sauerkraut
1,0 kg Tomatenmark
0,8 kg Zwiebeln, gehackt
9,2 L Fleischbrühe (Instant)
60 g Kümmel, gemahlen
Salz nach Geschmack
schwarzer Pfeffer nach Geschmack

Zubereitung:

1. Das Hackfleisch zerrupfen, mit Salz und Pfeffer würzen und in den Kochkessel füllen.

2. Dann Sauerkraut, Tomatenmark und Zwiebeln zugeben und alles gut vermengen.

3. Danach die Fleischbrühe aufgießen, den Kümmel zufügen, gut umrühren und den Kessel verschließen.

4. Anschließend alles 20 Minuten auf kleiner Flamme köcheln lassen.

5. Nach Ablauf der Kochzeit das Hackfleisch nach Szegediner Art nochmals gut umrühren und noch weitere 20 Minuten köcheln lassen.

6. Das Hackfleisch vor der Ausgabe nach Bedarf nochmals salzen und und pfeffern.

Tipp: Als Beilage zur Hackfleisch nach Szegediner Art reicht man Salzkartoffeln oder Brötchen.

Pikantes Zwiebelfleisch

Zutaten für 100 Portionen:
35 kg Rinderbeinscheiben
8,0 kg Zwiebeln, gewürfelt
1,5 kg Schweineschmalz
1,0 kg Semmelbrösel
25 Bund Suppengrün
20 Pfefferkörner
15 Lorbeerblätter
10 Gewürznelken
etwas Zucker nach Geschmack
Salz nach Geschmack
schwarzer Pfeffer nach Geschmack

Zutaten für 40 Portionen:
14 kg Rinderbeinscheiben
3,2 kg Zwiebeln, gewürfelt
0,6 kg Schweineschmalz
0,4 kg Semmelbrösel
10 Bund Suppengrün
8 Pfefferkörner
6 Lorbeerblätter
4 Gewürznelken
etwas Zucker nach Geschmack
Salz nach Geschmack
schwarzer Pfeffer nach Geschmack

Zubereitung:

1. Die Rinderbeinscheiben in kaltem Wasser ansetzen.

2. Nach dem Aufkochen das grob zerteilte Suppengrün, die Pfefferkörner Lorbeerblätter, Nelken, 1kg der Zwiebeln und etwas Salz zugeben.

3. Den Kessel verschließen und alles 1 Stunde kochen lassen.

4. Danach die Beinscheiben herausnehmen, das Fleisch von den Knochen lösen, in Stücke schneiden und die Kochbrühe durch ein Sieb gießen.

5. Anschließend das Schmalz auslassen, die restlichen Zwiebeln goldgelb darin anschmoren und die Semmelbrösel einrühren.

6. Dann die Kochbrühe zugießen, die Rindfleischstücke zugeben, alles gut verrühren und nach dem Aufkochen noch 15 Minuten ziehen lassen.

7. Zum Schluss das Pikante Zwiebelfleisch mit Salz, Pfeffer und etwas Zucker abschmecken.

Tipp: Als Beilage zum Pikanten Zwiebelfleisch reicht man Klöße oder Salzkartoffeln.

Hähnchen-Reis-Pfanne

Zutaten für 100 Portionen:

15 kg Hähnchenbrustfilets
30 kg Reis, fertig gegart
5,0 kg frische Tomaten, gewürfelt
2,0 kg Zwiebeln, gewürfelt
2,0 kg Butter
35 Paprikaschoten, gemischt
10 Knoblauchzehen, gehackt
40 g Paprikapulver, edelsüß
Salz nach Geschmack
weißer Pfeffer nach Geschmack

Zutaten für 40 Portionen:

6,0 kg Hähnchenbrustfilets
12 kg Reis, fertig gegart
2,0 kg frische Tomaten, gewürfelt
0,8 kg Zwiebeln, gewürfelt
0,8 kg Butter
14 Paprikaschoten, gemischt
4 Knoblauchzehen, gehackt
16 g Paprikapulver, edelsüß
Salz nach Geschmack
weißer Pfeffer nach Geschmack

Zubereitung:

1. Die Hähnchenbrustfilets in mundgerechte Stücke schneiden, mit Salz, Paprika und weißem Pfeffer würzen und in heißem Öl gar braten.

2. Danach die gewaschenen, entkernten und kleingeschnittenen Paprikaschoten zusammen mit den Zwiebeln und Knoblauch in der zuvor ausgelassenen Butter 15 Minuten schmoren lassen.

3. Anschließend den Reis, die Hähnchenstücke und Tomatenwürfel zugegeben, alles gut vermischen und nochmals kurz erhitzen.

4. Zum Schluss die Hähnchen-Reis-Pfanne pikant salzen und pfeffern.

Pfälzer Schmorkohl

Zutaten für 100 Portionen:
20 kg Hackfleisch, halb& halb
25 Weißkohlköpfe, mittelgroß
3,0 kg Zwiebeln, gehackt
10 L Fleischbrühe (Instant)
Butterschmalz nach Bedarf
gemahlener Kümmel nach Bedarf
etwas Zucker
Salz nach Geschmack
schwarzer Pfeffer nach Geschmack

Zutaten für 40 Portionen:
8,0 kg Hackfleisch, halb & halb
10 Weißkohlköpfe, mittelgroß
1,2 kg Zwiebeln, gehackt
4,0 L Fleischbrühe (Instant)
Butterschmalz nach Bedarf
gemahlener Kümmel nach Bedarf
etwas Zucker
Salz nach Geschmack
schwarzer Pfeffer nach Geschmack

Zubereitung:

1. Das Hackfleisch zerrupfen, mit Salz und Pfeffer würzen und unter mehrmaligem Umrühren in heißem Butterschmalz anbraten.

2. In der Zwischenzeit die Weißkohlköpfe vierteln, die Strünke entfernen und den Kohl in grobe Stücke schneiden.

3. Dann den Kohl zum Hackfleisch geben und die Zwiebeln sowie den Kümmel zufügen.

4. Alles gut verrühren, die Fleischbrühe zugießen, salzen und pfeffern und nochmals gut umrühren.

5. Den Kessel verschließen und alles solange schmoren, bis der Weißkohl weich ist.

6. Sollte dabei zu viel Flüssigkeit verdampfen, muss noch Brühe nachgefüllt werden.

7. Zum Schluss den Pfälzer Schmorkohl pikant mit etwas Zucker, Salz und Pfeffer abschmecken.

Tipp: Als Beilage zum Pfäzer Schmorkohl reicht man Salzkartoffeln.

Jägerschnitzel

Zutaten für 100 Portionen:
100 Schweineschnitzel
10 kg frische Champignons
1,0 kg Zwiebeln, gehackt
4,0 L Rinderbrühe (Instant)
4,0 L Creme fraiche
0,5 L trockener Weißwein
10 Bund Petersilie
Butterschmalz nach Bedarf
Salz nach Geschmack
schwarzer Pfeffer nach Geschmack

Zutaten für 40 Portionen:
40 Schweineschnitzel
4,0 kg frische Champignons
0,4 kg Zwiebeln, gehackt
1,6 L Rinderbrühe (Instant)
1,6 L Creme fraiche
0,2 L trockener Weißwein
4 Bund Petersilie
Butterschmalz nach Bedarf
Salz nach Geschmack
schwarzer Pfeffer nach Geschmack

Zubereitung:

1. Die Schnitzel etwas flachklopfen, würzen, im heißen Butterschmalz gar braten und warm stellen.

2. Dann die mit einem Tuch gereinigten, in Scheiben geschnittenen Champignons zusammen mit den Zwiebeln unter mehrmaligen Umrühren im Butterschmalz anschwitzen.

3. Den Wein zugeben, einreduzieren lassen und die Rinderbrühe und Creme fraiche zugeben.

4. Alles gut verrühren und nach dem Aufkochen pikant mit Salz und Pfeffer abschmecken.

5. Danach die Schnitzel zugeben, gut erhitzen und die einzelnen Portionen bei der Ausgabe mit gehackter Petersilie bestreuen.

Tipp: Als Beilage zu den Jägerschnitzeln reicht man Baguette oder Brötchen.

Grünkohl mit Pinkel

Zutaten für 100 Portionen:
200 Pinkelwürste a` 60g
8,0 kg Bauchspeck, gewürfelt
5,0 kg Kasselerbauch
40 kg frischer Grünkohl
10 kg Zwiebeln, gehackt
1,5 kg Schweineschmalz
1,0 kg Hafergrütze
15 L Fleischbrühe (Instant)
Salz nach Geschmack
schwarzer Pfeffer nach Geschmack

Zutaten für 40 Portionen:
80 Pinkelwürste a` 60g
3,2 kg Bauchspeck, gewürfelt
2,0 kg Kasselerbauch
16 kg frischer Grünkohl
4,0 kg Zwiebeln, gehackt
0,6 kg Schweineschmalz
0,4 kg Hafergrütze
6,0 L Fleischbrühe (Instant)
Salz nach Geschmack
schwarzer Pfeffer nach Geschmack

Zubereitung:

1. Den Grünkohl waschen, von Stielen und Rippen befreien, grob zerteilen und unter Zugabe von etwas Wasser 15 Minuten im geschlossenen Kessel kochen.

2. Danach die Zwiebeln zugeben, alles kräftig mit Salz und Pfeffer würzen und gut umrühren.

3. Den Kasselerbauch und die Speckwürfel im heißen Schweineschmalz kräftig anbraten und auf dem Grünkohl verteilen.

4. Die Fleischbrühe aufgießen, den Kessel verschließen und alles 1 Stunde auf kleiner Flamme köcheln lassen.

5. Anschließend den Kasselerbauch in 1cm große Würfel schneiden, wieder zum Grünkohl geben, die Hafergrütze darüber streuen und kräftig durchmengen.

6. Die Pinkelwürste drauflegen, den Kessel wieder verschließen, das Ganze noch weitere 15 Minuten köcheln lassen und vor der Ausgabe nochmals mit Salz und Pfeffer abschmecken.

Tipp: Als Beilage zum Grünkohl mit Pinkel reicht man Salzkartoffeln

Irish Stew

Zutaten für 100 Portionen:

15 kg Hammelfleisch
22 kg Weißkohl
14 kg Kartoffeln, gewürfelt
5,0 kg Zwiebeln, in Scheiben
10 Petersilienwurzel
6 Sellerieknollen
12 L Fleischbrühe (Instant)
80 g Kümmel, gemahlen
Salz nach Geschmack
schwarzer Pfeffer nach Geschmack

Zutaten für 40 Portionen:

6,0 kg Hammelfleisch
8,8 kg Weißkohl
5,6 kg Kartoffeln, gewürfelt
2,0 kg Zwiebeln, in Scheiben
4 Petersilienwurzeln
2 ½ Sellerieknollen
4,8 L Fleischbrühe (Instant)
32 g Kümmel, gemahlen
Salz nach Geschmack
schwarzer Pfeffer nach Geschmack

Zubereitung:

1. Das Hammelfleisch in 1,5cm große Würfel schneiden und zusammen mit den Zwiebeln in heißem Öl anbraten.

2. Die gesäuberten Petersilienwurzeln und Sellerieknollen grob raspeln, dazu geben und solange mitdünsten, bis sie gar sind.

3. In der Zwischenzeit die Weißkohlköpfe vierteln, die Strünke entfernen und den Kohl in breite Streifen schneiden.

4. Dann den Kohl und die Kartoffelwürfel mit in den Kessel geben und alles gut vermischen.

5. Die Fleischbrühe zugießen, Kümmel, Salz und Pfeffer zugeben, den Kessel verschließen und alles 1,5 Stunden auf kleiner Flamme köcheln lassen.

6. Vor der Ausgabe das Irish Stew nochmals mit Salz und schwarzem Pfeffer abschmecken.

Tipp: Als Beilage zum Irish Stew reicht man Salzkartoffeln oder Weißbrot.

Kalbsgulasch nach Jägerart

Zutaten für 100 Portionen:
18 kg Kalbsgulasch
5,0 kg geräucherter Speck
7,5 kg Champignonscheiben (Dose)
6,0 kg Zwiebeln, gewürfelt
1,5 kg Möhren, gewürfelt
10 Sellerieknollen, gewürfelt
0,4 kg Tomatenmark
14 L Rinderbrühe (Instant)
1,0 L Süße Sahne
20 Lorbeerblätter
Salz nach Geschmack
schwarzer Pfeffer nach Geschmack

Zutaten für 40 Portionen:
7,2 kg Kalbsgulasch
2,0 kg geräucherter Speck
3,0 kg Champignonscheiben(Dose)
2,4 kg Zwiebeln, gewürfelt
0,6 kg Möhren, gewürfelt
4 Sellerieknollen, gewürfelt
160 g Tomatenmark
5,6 L Rinderbrühe (Instant)
0,4 L Süße Sahne
8 Lorbeerblätter
Salz nach Geschmack
schwarzer Pfeffer nach Geschmack

Zubereitung:

1. Das Kalbsgulasch in heißem Öl von allen Seiten anbraten und dabei salzen und pfeffern.

2. Dann den kleingewürfelten Speck, die Champignonscheiben, Zwiebeln sowie Möhren- und Selleriewürfel 10 Minuten mitschmoren.

3. Danach das Tomatenmark einrühren, die Rinderbrühe aufgießen und die Lorbeerblätter zufügen.

4. Den Kessel dann verschließen und alles 1,5 Stunden auf kleiner Flamme köcheln lassen.

5. Anschließend die Süße Sahne einrühren und das Gulasch nochmals aufkochen lassen.

6. Bei Bedarf das Kalbsgulasch nochmal mit Salz und Pfeffer abschmecken und vor der Ausgabe eventuell etwas andicken.

Tipp: Als Beilage zum Kalbsgulasch nach Jägerart reicht man Nudeln oder Salzkartoffeln.

Gulasch mit sauren Gurken

Zutaten für 100 Portionen:
18 kg Gulasch, halb & halb
3,0 kg geräucherter Speck
6,0 kg Zwiebeln, gewürfelt
6,0 kg Saure Gurken, gewürfelt
0,5 kg Tomatenmark
13 L Rinderbrühe (Instant)
0,5 L trockener Rotwein
120 g Paprikapulver, edelsüß
80 g Paprikapulver, rosenscharf
Salz nach Geschmack
schwarzer Pfeffer nach Geschmack

Zutaten für 40 Portionen:
7,2 kg Gulasch, halb & halb
1,2 kg geräucherter Speck
2,4 kg Zwiebeln, gewürfelt
2,4 kg Saure Gurken, gewürfelt
0,2 kg Tomatenmark
5,2 L Rinderbrühe (Instant)
0,2 L trockner Rotwein
48 g Paprikapulver, edelsüß
32 g Paprikapulver, edelsüß
Salz nach Geschmack
schwarzer Pfeffer nach Geschmack

Zubereitung:

1. Das Gulasch und den kleingewürfelten Speck in heißem Öl rundherum anbraten und dabei salzen und pfeffern.

2. Dann die Zwiebeln 10 Minuten mitschmoren, das Paprikapulver darüber streuen und gut umrühren.

3. Danach die Rinderbrühe und den Rotwein aufgießen.

4. Den Kessel verschließen und dann alles 2 Stunden schmoren lassen.

5. Sollte dabei zu viel Flüssigkeit verdampfen, muss noch Rinderbrühe aufgefüllt werden

6. Anschließend die Gurkenwürfel zugeben und das Gulasch nochmal kurz aufkochen lassen.

7. Bei Bedarf das Gulasch nochmals mit Salz und Pfeffer abschmecken und vor der Ausgabe eventuell etwas andicken.

Tipp: Als Beilage zum Gulasch mit sauren Gurken reicht man Nudeln oder Salzkartoffeln.

Ungarisches Rindergulasch

Zutaten für 100 Portionen:

20 kg Rinderoberschale
8,5 kg Zwiebeln
6,0 kg rote Paprikaschoten
6,0 kg Zwiebeln, gewürfelt
15 Knoblauchzehen, gehackt
0,5 kg Tomatenmark
14 L Rinderbrühe (Instant)
200 g Paprikapulver, edelsüß
200 g Paprikapulver, rosenscharf
Schweineschmalz
Salz nach Geschmack

Zutaten für 40 Portionen:

8,0 kg Rinderoberschale
3,4 kg Zwiebeln
2,4 kg rote Paprikaschoten
2,4 kg Zwiebeln, gewürfelt
6 Knoblauchzehen, gehackt
0,2 kg Tomatenmark
5,6 L Rinderbrühe (Instant)
80 g Paprikapulver, edelsüß
80 g Paprikapulver, rosenscharf
Schweineschmalz
Salz nach Geschmack

Zubereitung:

1. Das Rindfleisch in 3cm große Würfel schneiden, im heißen Schweineschmalz von allen Seiten scharf anbraten und dabei salzen.

2. Dann die Zwiebeln und den Knoblauch mitschmoren, das Paprikapulver darüber streuen und gut umrühren.

3. Danach das Tomatenmark einrühren und die gewaschenen, entkernten und in Streifen geschnittenen Paprikaschoten zugeben.

4. Anschließend die Rinderbrühe aufgießen, den Kessel verschließen und das Gulasch 2 Stunden schmoren lassen.

5. Sollte dabei zu viel Flüssigkeit verdampfen, muss noch Rinderbrühe aufgefüllt werden

6. Bei Bedarf das Gulasch nochmals mit Salz abschmecken und vor der Ausgabe eventuell etwas andicken.

Tipp: Als Beilage zum Ungarischen Rindergulasch reicht man Nudeln oder Salzkartoffeln.

Rezepte für den Eintopfofen

Pikanter Erbseneintopf

Zutaten für 20 Portionen:

1,2 kg Lyoner, gewürfelt
0,8 kg Bockwurst, gewürfelt
0,4 kg geräucherter Speck
3,0 kg grüne Erbsen, geschält
1,0 kg Kartoffeln, gewürfelt
0,5 kg Möhren, gewürfelt
0,4 kg Zwiebeln, gewürfelt
2 Bund Suppengrün
5,4 L Fleischbrühe, Instant
15 g Majoran, getrocknet
Salz nach Geschmack
schwarzer Pfeffer nach Geschmack

Zubereitung:

1. Die Erbsen am Vortag einweichen und am Herstellungstag mit der Fleischbrühe, dem grob zerteilten Suppengrün und dem Majoran zum Kochen bringen.

2. In der Zwischenzeit den kleingewürfelten Speck und die Zwiebeln in heißem Schmalz anbraten und danach zu den Erbsen geben.

3. Den Eintopfofen dann verschließen und alles 45 Minuten köcheln lassen.

4. Wenn die Erbsen weich sind (sie lassen sich dann leicht zwischen den Fingern zerdrücken) die Kartoffel- und Möhrenwürfel zugeben.

5. Den Eintopf dann noch weitere 15 Minuten kochen, danach die Lyoner- und Bockwurstwürfel zufügen und alles noch 5 Minuten ziehen lassen.

6. Zum Schluss den Erbseneintopf mit Salz und Pfeffer abschmecken.

Frankfurter Linseneintopf

Zutaten für 20 Portionen:

2,0 kg Kalbsbäckchen
1,2 kg Berglinsen
1,2 kg grüne Linsen
0,6 kg Kartoffeln, gewürfelt
0,4 kg Möhren, gewürfelt
0,2 kg Zwiebeln, gewürfelt

5,6 L Gemüsebrühe (Instant)
3 Lorbeerblätter
2 Knoblauchzehen, gepresst
Salz nach Geschmack
schwarzer Pfeffer nach Geschmack

Zubereitung:

1. Die Kalbsbäckchen salzen und pfeffern, von allen Seiten in heißem Schmalz anbraten, dann die Zwiebeln leicht mit anschwitzen und so viel Brühe auffüllen, bis das Fleisch bedeckt ist.

2. Die Lorbeerblätter zufügen, den Eintopfofen verschließen und alles 45 Minuten schmoren lassen.

3. Anschließend die Kalbsbäckchen herausnehmen, in mundgerechte Stücke schneiden und zurück in die Brühe geben.

4. Die restliche Gemüsebrühe zugießen, Linsen, Knoblauch und etwas Salz zugeben und alles auf kleiner Flamme 30 Minuten kochen lassen.

5. 15 Minuten vor Ende der Garzeit die Kartoffeln und Möhren zugeben und den Frankfurter Linseneintopf pikant salzen und pfeffern.

Gemüseeintopf mit Rindfleisch

Zutaten für 20 Portionen:

2,6 kg Rinderbrust
0,8 kg durchwachsener Speck
1,5 kg Kartoffeln
1,0 kg Möhren
1,0 kg Pastinaken
0,5 kg Petersilienwurzeln
0,5 kg Porree
0,5 kg Zwiebeln
1 Sellerieknolle
15 Pimentkörner
8 Lorbeerblätter
Wasser nach Bedarf
Salz nach Geschmack
Pfeffer nach Geschmack

Zubereitung:

1. Die Kartoffeln, Möhren, Pastinaken, Petersilienwurzeln sowie die Sellerieknolle klein würfeln, den Porree in Ringe schneiden und die Zwiebeln grob hacken.

2. Dann die Rinderbrust in kaltem Wasser ansetzen und nach dem Aufkochen die Zwiebeln, Pimentkörner, Lorbeerblätter sowie Salz und Pfeffer zugeben.

3. Anschließend die Rinderbrust solange kochen bis sie gar ist, nach dem Abkühlen in 1cm große Würfel schneiden und die Kochbrühe zur Seite stellen.

4. Danach den Speck auslassen und das zerkleinerte Gemüse, außer den Kartoffeln, darin anschwitzen.

5. Dann die Rinderbrust-Kochbrühe zugießen, die Kartoffelwürfel zugeben, soviel warmes Wasser zugeben bis alles bedeckt ist und mit Salz und Pfeffer würzen.

6. Den Eintopfofen verschließen und alles 30 Minuten auf kleiner Flamme köcheln lassen.

7. Zum Schluss die Fleischwürfel unterrühren und den Gemüseeintopf bei Bedarf nochmals mit Salz und Pfeffer abschmecken.

Kohlsuppe mit weißen Bohnen

Zutaten für 20 Portionen:

2,0 kg Rinderbrust
0,5 kg durchwachsener Speck
2,2 kg Weißkohl
1,0 kg weiße Bohnen (Dose)
0,8 kg Kartoffeln
0,5 kg Möhren
0,5 kg Zwiebeln

3,0 L Rinderbrühe (Instant)
8 Lorbeerblätter
25 g Kümmel, gemahlen
20 g Macis, gemahlen
Salz nach Geschmack
Pfeffer nach Geschmack

Zubereitung:

1. Die Möhren und Kartoffeln klein würfeln und die Zwiebeln grob hacken.

2. Dann die Rinderbrust in kaltem Wasser ansetzen und nach dem Aufkochen die Möhren, Zwiebeln, Lorbeerblätter sowie Salz und Pfeffer zugeben.

3. Anschließend die Rinderbrust solange kochen bis sie gar ist, nach dem Abkühlen in 1cm große Würfel schneiden und die Kochbrühe zur Seite stellen.

4. Den Weißkohl vierteln, vom Strunk befreien, in feine Streifen schneiden und im ausgelassenen Speck anschwitzen.

5. Danach die Rinderbrust-Kochbrühe sowie die 3 Liter zusätzliche Brühe zum Weißkohl gießen.

6. Die Kartoffelwürfel, abgegossenen Bohnen, den Kümmel und das Macis zugeben und alles im verschlossenen Eintopfofen 40 Minuten auf kleiner Flamme köcheln lassen.

7. Zum Schluss die Fleischwürfel unterrühren und die Suppe bei Bedarf nochmals mit Salz und Pfeffer abschmecken.

Pfälzer Ochsenschwanz-Eintopf

Zutaten für 20 Portionen:

5,0 kg Ochsenschwänze	200 g Tomatenmark
0,4 kg geräucherter Bauch, gewürfelt	0,2 L trockener Rotwein
0,8 kg Bohnen (gefrostet)	4,0 L Rinderbrühe, Instant
0,8 kg grüne Erbsen (gefrostet)	1 Sellerieknolle, gewürfelt
0,8 kg Möhren, in Scheiben	20 g Thymian, getrocknet
0,8 kg geschälte Tomaten	Salz nach Geschmack
0,6 kg Zwiebeln, gewürfelt	schwarzer Pfeffer nach Geschmack

Zubereitung:

1. Die zuvor in Stücke geteilten und gewürzten Ochsenschwänze in heißem Schweineschmalz von allen Seiten scharf anbraten.

2. Dann die Bauchwürfel und Zwiebeln kurz mit anschwitzen, mit dem Rotwein ablöschen und die Rinderbrühe aufgießen.

3. Danach Sellerie und Thymian zufügen, den Eintopfofen verschließen und alles 3 Stunden auf kleiner Flamme köcheln lassen.

4. Anschließend die Ochsenschwanzstücke herausnehmen, das Fleisch von den Knochen lösen, zusammen mit dem restlichen Gemüse zurück in den Kessel geben und alles noch weitere 30 Minuten köcheln lassen.

5. Zum Schluss das Tomatenmark einrühren und den Pfälzer Ochsenschwanz-Eintopf pikant mit Salz und Pfeffer abschmecken.

Ungarische Gulaschsuppe

Zutaten für 20 Portionen:

3,0 kg Rinderschulter, gewürfelt
3,0 kg Kartoffeln, gewürfelt
0,6 kg Zwiebeln, gewürfelt
0,6 kg geschälte Tomaten
0,2 kg Tomatenmark
6 rote Paprikaschoten
3 Knoblauchzehen, gehackt
40 g Paprikapulver, rosenscharf
40 g Paprikapulver, edelsüß
0,1 L trockener Rotwein
etwas Zucker
Salz nach Geschmack

Zubereitung:

1. Die Rindfleischwürfel salzen, rundherum anbraten, dann Zwiebeln und Knoblauch kurz mit anschwitzen und das Paprikapulver einrühren.

2. Danach mit dem Rotwein ablöschen, dann soviel lauwarmes Wasser auffüllen bis alles knapp bedeckt ist und das Tomatenmark einrühren.

3. Den Eintopfofen verschließen, alles zirka 1 Stunde auf kleiner Flamme schmoren lassen, dabei ab und zu umrühren und bei Bedarf etwas Wasser nachfüllen.

4. Anschließend die gewaschenen, entkernten und in Stücke geschnittenen Paprikaschoten, geschälten Tomaten, Kartoffelwürfel und noch etwas Wasser zugeben und alles salzen.

5. Die Ungarische Gulaschsuppe solange weiterkochen bis das Fleisch gar ist und zum Schluss mit Salz und etwas Zucker abschmecken.

Süddeutsches Wurzelfleisch

Zutaten für 20 Portionen:

3,0 kg Schweineschulter
2,0 kg Kartoffeln, gewürfelt
2,0 kg Möhren, in Scheiben
2 Petersilienwurzeln
2 Lauchstangen, in Ringen
1 Sellerieknolle, zerkleinert
5,4 L Gemüsebrühe (Instant)

25 g Kümmel, gemahlen
20 g Paprikapulver, edelsüß
15 g Majoran, getrocknet
etwas geriebener Muskat
Salz nach Geschmack
weißer Pfeffer nach Geschmack

Zubereitung:

1. Die Schweineschulter zusammen mit den grob zerteilten Petersilienwurzeln und den Selleriestücken in den Eintopfofen geben.

2. Dann die Gemüsebrühe aufgießen, den Topf verschließen und alles 1,5 Stunden auf kleiner Flamme köcheln lassen.

3. Anschließend die Schweineschulter herausnehmen, in 1,5 cm große Würfel schneiden und wieder zurück in den Topf geben.

4. Die Kartoffel- und Möhrenwürfel, die Lauchringe sowie die Gewürze zugeben und alles noch weitere 30 Minuten im verschlossenen Eintopfofen köcheln lassen.

5. Zum Schluss das Süddeutsche Wurzelfleisch pikant mit Salz, weißem Pfeffer und etwas Muskat abschmecken.

Hackfleisch-Eintopf

Zutaten für 20 Portionen:

3,0 kg Hackfleisch, halb & halb
1,0 kg Kartoffeln, gewürfelt
0,6 kg Möhren, in Scheiben
0,6 kg Bohnen (gefrostet)
0,4 kg Mais (Dose
2 Knoblauchzehen, gehackt
6,0 L Gemüsebrühe (Instant)

20 g Cayennepfeffer
10 g Majoran, getrocknet
etwas Zucker
edelsüßer Paprika nach Geschmack
Salz nach Geschmack
schwarzer Pfeffer nach Geschmack

Zubereitung:

1. Das Hackfleisch zerrupfen, mit Salz, Pfeffer und Paprikapulver würzen und in heißem Fett unter ständigem Rühren leicht anbraten.

2. Dann den Knoblauch kurz mit anschwitzen und das Gemüse zugeben.

3. Danach die Gemüsebrühe aufgießen und die Gewürze zufügen.

4. Den Eintopfofen dann verschließen und alles 30 Minuten auf kleiner Flamme köcheln lassen.

5. Zum Schluss den Hackfleisch-Eintopf nochmals pikant mit Salz, Pfeffer und etwas Paprikapulver abschmecken.

Apfelgulasch

Zutaten für 20 Portionen:

4,5 kg Schweineschulter
1,5 kg süße Äpfel
0,5 kg Zwiebeln, gewürfelt
200 g Tomatenmark
150 g Creme fraiche
1 Sellerieknolle, gewürfelt
3,0 L Gemüsebrühe (Instant)
0,5 L trockener Rotwein
30 g Paprikapulver, edelsüß
15 g Majoran, getrocknet
Butterschmalz
etwas Mehl
Salz nach Geschmack
schwarzer Pfeffer nach Geschmack

Zubereitung:

1. Die Schweineschulter in 2cm große Würfel schneiden, mit Salz und Pfeffer würzen, in etwas Mehl wälzen und in heißem Butterschmalz von allen Seiten scharf anbraten.

2. Dann die Zwiebel- und Selleriewürfel kurz mit anschmoren und das Paprikapulver unterrühren.

3. Danach den Rotwein zufügen und wenn er etwas einreduziert ist, die Gemüsebrühe aufgießen und den Majoran zugeben.

4. Den Eintopfofen dann verschließen und alles 1,5 Stunden auf kleiner Flamme schmoren lassen.

5. Anschließend die geschälten, vom Gehäuse befreiten und in kleine Stücke geschnittenen Äpfel zugeben, den Topf wieder verschließen und alles noch weitere 15 Minuten schmoren lassen.

6. Zum Schluss das Tomatenmark und die Creme fraiche unterrühren und das Apfelgulasch nach dem Aufkochen pikant mit Pfeffer und Salz abschmecken.

Tipp: Als Beilage zum Apfelgulasch reicht man Nudeln, Baguette oder Salzkartoffeln.

Wurstgulasch

Zutaten für 20 Portionen:

2,0 kg Fleischwurst
2,0 kg Bockwurst
1,0 kg Zwiebeln
0,8 kg geschälte Tomaten
3 Paprikaschoten, gemischt
3,0 L Fleischbrühe (Instant)
25 ml Worcestersauce
150 g Tomatenmark
30 g Paprikapulver, edelsüß
20 g Paprikapulver, rosenscharf
20 g Majoran, getrocknet
Salz nach Geschmack
schwarzer Pfeffer nach Geschmack

Zubereitung:

1. Die Fleischwurst klein würfeln und die Bockwurst in Scheiben schneiden.

2. Die geschälten Tomaten grob hacken und die gewaschenen, entkernten Paprikaschoten in dünne Streifen schneiden.

3. Danach die Wurstwürfel zusammen mit den Zwiebeln kurz in heißem Speiseöl anbraten.

4. Dann die Paprikastreifen zugeben, das Tomatenmark, die geschälten Tomaten und die Gewürze einrühren und die Fleischbrühe zugießen.

5. Anschließend den Eintopfofen verschließen und alles auf kleiner Flamme 20 Minuten köcheln lassen.

6. Zum Schluss die Worcestersauce einrühren und das Wurstgulasch dann nochmals pikant mit Salz und Pfeffer abschmecken.

7. Bei Bedarf kann man das Wurstgulasch vor dem Servieren mit in kaltem Wasser eingerührter Speisestärke etwas andicken.

Tipp: Als Beilage zum Wurstgulasch reicht man Nudeln.

Kalbsrahmgulasch

Zutaten für 20 Portionen:

4,0 kg Kalbsoberschale
0,5 kg geräucherter Speck
1,0 kg Champignons, in Scheiben
1,0 kg Zwiebeln, gewürfelt
0,2 kg Tomatenmark
1 Sellerieknolle, zerkleinert
5 Eigelb

3,0 L Rinderbrühe (Instant)
0,7 L Süße Sahne
0,3 L trockener Weißwein
100 g Creme fraiche
etwas geriebener Muskat
Salz nach Geschmack
weißer Pfeffer nach Geschmack

Zubereitung:

1. Die Kalbsoberschale in 1,5cm große Würfel schneiden, salzen und pfeffern und mit den Zwiebeln in heißem Butterschmalz anbraten.

2. Dann den klein gewürfelten Speck und das Gemüse 10 Minuten mit anschmoren und das Tomatenmark einrühren.

3. Danach die Rinderbrühe und den Wein zugießen, gut umrühren, den Eintopfofen verschließen und alles 1,5 Stunden auf kleiner Flamme köcheln lassen.

4. Anschließend die Süße Sahne, Creme fraiche und verquirlten Eigelb einrühren.

5. Zum Schluss das Kalbsrahmgulasch nochmals kurz aufkochen lassen und pikant mit Salz, Pfeffer und etwas Muskat abschmecken.

Szegediner Gulasch

Zutaten für 20 Portionen:

3,0 kg magerer Schweinenacken
1,5 kg Sauerkraut
0,5 kg Zwiebeln, gewürfelt
0,3 kg Süße Sahne
0,2 kg Tomatenmark
0,1 kg Saure Sahne
2,4 L Gemüsebrühe (Instant)
3 Knoblauchzehen, gehackt
50 g Paprikapulver, edelsüß
30 g Paprikapulver, geräuchert
10 g Kümmel, gemahlen
Salz nach Geschmack
weißer Pfeffer nach Geschmack

Zubereitung:

1. Den Schweinenacken in 1,5cm große Würfel schneiden, salzen und pfeffern und in heißem Butterschmalz von allen Seiten anbraten.

2. Dann die Zwiebeln und den Knoblauch kurz mit anschwitzen und das Tomatenmark und Paprikapulver einrühren.

3. Danach die Gemüsebrühe zugießen, gut umrühren, den Eintopfofen verschließen und alles 1 Stunde auf kleiner Flamme köcheln lassen.

4. Anschließend das Sauerkraut und den Kümmel zugeben, gut umrühren und alles noch weitere 30 Minuten köcheln lassen.

5. Zum Schluss die Süße und Saure Sahne einrühren, das Szegediner Gulasch nochmals kurz aufkochen lassen und pikant mit Salz und weißem Pfeffer abschmecken.

Buntes Kalbsfrikassee

Zutaten für 20 Portionen:

3,5 kg Kalbsschulter
0,5 kg Zwiebeln, gehackt
0,5 kg Möhren, gewürfelt
0,5 kg Erbsen (gefrostet)
0,5 kg Champignon, in Scheiben
2,3 L Rinderbrühe (Instant)
0,5 L Süße Sahne
0,1 L trockener Weißwein
300 g Butter
180 g Mehl
etwas Zitronensaft
etwas geriebener Muskat
Salz nach Geschmack
weißer Pfeffer nach Geschmack

Zubereitung:

1. Die Kalbsschulter in kleine Würfel schneiden, mit Salz und Pfeffer würzen und in der ausgelassenen Butter anbraten.

2. Danach die Zwiebelwürfel zugeben und kurz mitschmoren.

3. Dann das Mehl darüber streuen, mit dem Weißwein ablöschen und die Rinderbrühe zugießen,

4. Alles gut verrühren, den Eintopfofen verschließen und das Fleisch 1 Stunde auf kleiner Flamme schmoren lassen.

5. Anschließend die Süße Sahne einrühren, Champignons, Möhren und Erbsen zugeben, den Topf wieder verschließen und alles noch weitere 20 Minuten schmoren lassen.

6. Zum Schluss das Bunte Kalbsfrikassee pikant mit Salz, weißem Pfeffer, etwas Zitronensaft und etwas geriebenem Muskat abschmecken.

7. Bei Bedarf kann man das Kalbsfrikassee vor dem Servieren nochmals mit in kaltem Wasser eingerührter Speisestärke etwas andicken.

Tipp: Als Beilage zum Bunten Kalbsfrikassee reicht man Nudeln oder Salzkartoffeln.

Curry-Geschnetzeltes

Zutaten für 20 Portionen:

3,5 kg Schweinegeschnetzeltes
0,5 kg Champignons, in Scheiben
0,4 kg Erbsen (gefrostet)
0,4 kg Mais (Dose)
0,3 kg Zwiebeln, gewürfelt
3 gelbe Paprika, in Streifen
2,0 L Fleischbrühe (Instant)

0,7 L Süße Sahne
300 g Butter
180 g Mehl
100 g Currypulver
Salz nach Geschmack
weißer Pfeffer nach Geschmack

Zubereitung:

1. Das Schweinegeschnetzelte salzen und pfeffern und zusammen mit den Zwiebeln und den Paprikastreifen in der ausgelassenen Butter anbraten.

2. Dann das Mehl darüber streuen, die Brühe und Süße Sahne zugießen und gut umrühren.

3. Anschließend Champignons, Erbsen und Mais zugeben, das Currypulver einrühren und alles im verschlossenen Eintopfofen 20 Minuten köcheln lassen.

4. Zum Schluss das Curry-Geschnetzelte pikant mit Salz und Pfeffer abschmecken.

Mutzbraten

Zutaten für 20 Portionen:

5,0 kg Schweinenacken, ausgelöst
0,6 kg Zwiebeln, in Scheiben
2,0 L Fleischbrühe (Instant)
1,0 L Schwarzbier
100 g mittelscharfer Senf
100 g Salz
70 g Majoran, getrocknet
60 g Kümmel, gemahlen
30 g Pfeffer, gemahlen
20 g Cayennepfeffer
20 g Paprikapulver, edelsüß
Schweineschmalz
Speisestärke

Zubereitung:

1. Den Schweinenacken einmal längs und dann mehrmals quer durchschneiden, sodass faustgroße Stücke entstehen.

2. Dann das Salz, den Pfeffer, die Hälfte des Majorans und den Kümmel in einer Schüssel gut miteinander vermischen.

3. Anschließend die Nackenstücke von allen Seiten kräftig in der Gewürzmischung wälzen und dann abgedeckt für 24 Stunden zum Marinieren in den Kühlschrank stellen.

4. Am Zubereitungstag die Nackenstücke in heißem Schweineschmalz rundherum scharf anbraten und die Zwiebeln kurz mitschmoren.

5. Danach die Fleischbrühe und das handwarme Schwarzbier zugießen und den Senf, Cayennepfeffer, restlichen Majoran sowie das Paprikapulver einrühren.

6. Den Eintopfofen verschließen, alles 2 Stunden auf kleiner Flamme schmoren lassen und bei Bedarf etwas Fleischbrühe nachgießen.

7. Zum Schluss die Soße des Mutzbratens pikant mit Salz und Pfeffer abschmecken und mit in kaltem Wasser eingerührter Speisestärke andicken.

Schweinebäckchen

Zutaten für 20 Portionen:

5,0 kg Schweinebäckchen
2,2 L Fleischbrühe (Instant)
800 ml BBQ-Sauce
400 ml trockener Rotwein
300 g Möhren, in Scheiben
3 Bund Suppengemüse
2 Bund Lauchzwiebeln

30 g Paprikapulver, edelsüß
15 g Cayennepfeffer
15 g Pfeffer, gemahlen
Speiseöl
Salz nach Geschmack
schwarzer Pfeffer nach Geschmack

Zubereitung:

1. Die Schweinebäckchen mit etwas Paprikapulver, etwas Cayennepfeffer und Salz bestreuen.

2. Das Suppengemüse in grobe Stücke teilen und die Lauchzwiebeln in Ringe schneiden.

3. Dann die Schweinebäckchen in heißem Speiseöl von beiden Seiten scharf anbraten und wieder aus dem Topf nehmen.

4. Danach das Gemüse 10 Minuten anschmoren und mit dem Rotwein ablöschen.

5. Anschließend die Fleischbrühe zugießen, 30g Paprikapulver, 15g Pfeffer und 15g Cayennepfeffer einrühren und die Schweinebäckchen wieder zugeben.

6. Die BBQ-Sauce darüber gießen, den Eintopfofen verschließen und alles 2 Stunden auf kleiner Flamme schmoren lassen.

7. Zum Schluss die Soße der Schweinebäckchen eventuell nochmals mit Salz und etwas Pfeffer abschmecken und bei Bedarf mit in kaltem Wasser eingerührter Speisestärke andicken.

Aprikosenrippchen

Zutaten für 20 Portionen:

7,5 kg Dicke Rippe (ca. 6 Stück)
0,6 kg getrocknete Aprikosen
0,5 kg Zwiebeln, gewürfelt
0,3 kg Rosinen
400 g Creme fraiche
1,7 L Rinderbrühe (Instant)
20 g Paprikapulver, geräuchert
20 g Paprikapulver, edelsüß
10 g Macis, gemahlen
Butterschmalz
Speisestärke
Salz nach Geschmack
schwarzer Pfeffer nach Geschmack

Zubereitung:

1. In die dicken Rippen jeweils eine Tasche schneiden und das Fleisch von innen und außen mit Salz, Pfeffer und geräuchertem Paprikapulver würzen.

2. Danach die Rosinen und die zuvor klein gewürfelten Aprikosen in die Taschen füllen.

3. Die Taschen dann entweder mit Küchengarn zunähen oder mit Zahnstochern verschließen und die dicken Rippen von beiden Seiten in heißem Butterschmalz anbraten.

4. Anschließend die Zwiebeln kurz mit anschmoren und die Rinderbrühe aufgießen.

5. Den Eintopfofen dann verschließen und alles 2,5 Stunden auf kleiner Flamme schmoren lassen.

6. Nach 1,5 Stunden wird die Creme fraiche, das edelsüße Paprikapulver und die Macis eingerührt.

7. Zum Schluss die Soße der Aprikosenrippchen eventuell nochmals mit Salz und etwas Pfeffer abschmecken.

8. Bei Bedarf kann die Soße mit in kaltem Wasser eingerührter Speisestärke angedickt werden.

Gefüllte Schweinerouladen

Zutaten für 20 Portionen:

20 Schweinerouladen a`130g
1,4 kg gewürztes Hackfleisch
200 g frische Champignons
200 g Zwiebeln, fein gehackt
100 g Tomatenmark
1,4 L Fleischbrühe (Instant)
400 ml Süße Sahne
3 Eigelb
mittelscharfer Senf
Paprikapulver, edelsüß
Salz nach Geschmack
schwarzer Pfeffer nach Geschmack

Zubereitung:

1. Das Hackfleisch gut mit den vorher geputzten und klein geschnittenen Champignons, den gehackten Zwiebeln sowie den Eigelb vermengen und aus der Masse 20 gleichgroße, längliche Klöße formen.

2. Die Rouladen mit Salz, Pfeffer und Paprika würzen, großzügig mit Senf bestreichen, jeweils einen Hackfleischkloß darauflegen und nach dem Zusammenrollen mit einem Rouladenspieß fixieren.

3. Dann die Rouladen von außen würzen und in heißem Butterschmalz rundherum anbraten.

4. Danach die Fleischbrühe und Süße Sahne aufgießen, das Tomatenmark einrühren, den Eintopfofen verschließen und die Schweinerouladen 1,5 Stunden auf kleiner Flamme schmoren lassen.

5. Zum Schluss die Rouladensoße nochmals pikant mit Salz und Pfeffer abschmecken und bei Bedarf andicken.

Deftige Rinderbeinscheiben

Zutaten für 20 Portionen:

20 Rinderbeinscheiben
2,0 L Rinderbrühe (Instant)
0,5 L trockener Rotwein
0,5 L Süße Sahne
300 g Zwiebeln, gewürfelt
300 g Tomatenmark
3 Paprikaschoten, gemischt
2 Thymianzweige
20 g Paprikapulver, edelsüß
10 g Chilipulver
10 g Majoran, getrocknet
Speiseöl
etwas Mehl
Kümmel, gemahlen
Salz nach Geschmack
schwarzer Pfeffer nach Geschmack

Zubereitung:

1. Die Rinderbeinscheiben mit Salz, Pfeffer und Kümmel würzen und in etwas Mehl wälzen.

2. Die Paprikaschoten waschen, entkernen und in mundgerechte Stücke schneiden.

3. Dann die Beinscheiben von beiden Seiten in heißem Speiseöl anbraten und danach die Zwiebel- und Paprikawürfel mit anschmoren.

4. Anschließend den Rotwein zugeben und wenn er etwas eingekocht ist, die Rinderbrühe und Süße Sahne zugießen.

5. Danach das Tomatenmark und die Gewürze einrühren, die Thymianzweige zugeben, den Eintopfofen verschließen und alles 2,5 Stunden auf kleiner Flamme schmoren lassen.

6. Sollte dabei zu viel Flüssigkeit verdunsten, muss noch Rinderbrühe nachgefüllt werden.

7. Zum Schluss die Soße der Beinscheiben nochmals mit Salz und Pfeffer abschmecken und bei Bedarf mit in kaltem Wasser eingerührter Speisestärke andicken.

Feurige Beef Ribs

Zutaten für 20 Portionen:

10 kg Beef Ribs
2,0 L Rinderbrühe (Instant)
0,7 L Chili Sauce
200 g rote Zwiebeln
200 g Schalotten
3 Knoblauchzehen
2 rote Paprikaschoten
1 Chilischote
10 g Paprikapulver, edelsüß
10 g Paprikapulver, rosenscharf
10 g Paprikapulver, geräuchert
10 g Cayennepfeffer
Tandoori-Paste nach Geschmack
Speiseöl
Salz nach Geschmack

Zubereitung:

1. Die Beef Ribs von beiden Seiten mit Tandoori-Paste einreiben, in ein geeignetes Gefäß legen und über Nacht abgedeckt in den Kühlschrank stellen.

2. Am Zubereitungstag die roten Zwiebeln, Schalotten, Knoblauchzehen sowie die entkernte Chilischote in dünne Scheiben und die gewaschenen und entkernten Paprikaschoten in kleine Stücke schneiden.

3. Dann die Beef Ribs von beiden Seiten scharf in heißem Speiseöl anbraten und danach das zerkleinerte Gemüse mit anschmoren.

4. Anschließend die Rinderbrühe zugießen und die Chili Sauce sowie die Gewürze einrühren.

5. Den Eintopfofen dann verschließen und alles 2,5 Stunden auf kleiner Flamme schmoren lassen.

6. Sollte dabei zu viel Flüssigkeit verdunsten, muss noch etwas Brühe nachgefüllt werden.

7. Zum Schluss die Soße nochmals mit Salz abschmecken und bei Bedarf etwas mit in kaltem Wasser eingerührter Speisestärke andicken.

Rindfleisch mit Spinatsauce

Zutaten für 20 Portionen:

5,0 kg Rinderschulter, ausgelöst
3,0 kg Spinat (gefrostet)
0,5 kg geschälte Tomaten
0,3 kg Zwiebeln, gewürfelt
130 g Tomatenmark
100 g Erdnussbutter
2 Knoblauchzehen
1,8 L Rinderbrühe (Instant)
15 g Paprikapulver, edelsüß
10 g Koriander, gemahlen
10 g Ingwer, gemahlen
10 g Macis, gemahlen
Speiseöl
weißer Pfeffer nach Geschmack
Salz nach Geschmack

Zubereitung:

1. Die Rinderschulter in Streifen und die geschälten Tomaten in Stücke schneiden, die Knoblauchzehen hacken.

2. Dann die Fleischstreifen portionsweise in heißem Speiseöl anbraten, dabei mit Salz und Pfeffer würzen und zur Seite stellen.

3. Danach die Zwiebeln und den Knoblauch kurz anschmoren und das Tomatenmark, Paprikapulver sowie den Koriander und Ingwer einrühren.

4. Anschließend das Fleisch wieder zu geben und die Brühe zugießen.

5. Den Eintopfofen dann verschließen und alles 1,5 Stunden auf kleiner Flamme schmoren lassen.

6. Nach dieser Zeit den aufgetauten Spinat, die Tomatenstücke, Macis und Erdnusscreme einrühren und alles noch weitere 30 Minuten schmoren lassen.

7. Zum Schluss das Rindfleisch mit Spinatsauce nochmals pikant mit Salz und weißem Pfeffer abschmecken.

Lamm in Quittensauce

Zutaten für 20 Portionen:

5,0 kg Lammschulter, ausgelöst
0,3 kg Zwiebeln, gewürfelt
0,2 kg Quittengelee
2 rote Paprikaschoten
2 Knoblauchzehen
1 gelbe Peperoni
1 rote Peperoni
2,2 L Fleischbrühe (Instant)
0,3 L Süße Sahne
10 g Nelke, gemahlen
10 g Macis, gemahlen
10 g Anis, gemahlen
Speiseöl
weißer Pfeffer nach Geschmack
Salz nach Geschmack

Zubereitung:

1. Die Lammschulter in 1cm große Würfel, die entkernten Paprika und Peperoni in kleine Stücke schneiden und die Knoblauchzehen hacken.

2. Dann die Fleischwürfel portionsweise in heißem Speiseöl anbraten, dabei mit Salz und Pfeffer würzen und zur Seite stellen.

3. Danach die Zwiebeln, Peperoni und den Knoblauch kurz anschmoren und die Fleischwürfel wieder zugeben.

4. Anschließend die Fleischbrühe zugießen und die Gewürze einrühren.

5. Den Eintopfofen dann verschließen und alles 1 Stunde auf kleiner Flamme schmoren lassen.

6. Nach dieser Zeit die Süße Sahne und das Quittengelee einrühren und alles noch weitere 30 Minuten schmoren lassen.

7. Zum Schluss das Lamm in Quittensauce nochmals pikant mit Salz und weißem Pfeffer abschmecken und bei Bedarf mit in kaltem Wasser eingerührter Speisestärke andicken.

Lammhaxe Mykonos

Zutaten für 20 Portionen:

20 kg	Lammhinterhaxen	1 EL Thymian-Honig
0,4 kg	Zwiebeln	15 g Cayennepfeffer, gemahlen
3	rote Paprikaschoten	15 g Paprikapulver, edelsüß
3	Knoblauchzehen	10 g Koriander, gemahlen
3,2 L	Rinderbrühe (Instant)	10 g Kreuzkümmel, gemahlen
0,5 L	Süße Sahne	Sonnenblumenöl
0,3 L	trockener Rotwein	Salz nach Geschmack
4,0 cl	Metaxa-Weinbrand	weißer Pfeffer nach Geschmack

Zubereitung:

1. Die Lammhinterhaxen rundherum mit Salz und weißem Pfeffer würzen.

2. Den Knoblauch hacken, die Zwiebeln in Scheiben und die entkernten Paprikaschoten in Streifen schneiden.

3. Dann die Lammhinterhaxen in heißem Speiseöl anbraten und zur Seite stellen.

4. Danach das vorbereitete Gemüse kurz anschmoren, mit dem Rotwein ablöschen und wenn er etwas eingekocht ist, die Rinderbrühe und die süße Sahne zugießen.

5. Anschließend die Gewürze einrühren, die Lammhinterhaxen wieder hineinpacken, den Eintopfofen verschließen und alles 2 Stunden auf kleiner Flamme schmoren lassen.

6. Nach dieser Zeit den Metaxa und Thymian-Honig in die Sauce einrühren und nochmals pikant mit Salz und weißem Pfeffer abschmecken.

7. Je nach Bedarf kann die Sauce dann noch mit in kaltem Wasser eingerührter Speisestärke etwas angedickt werden.

Hasenpfeffer

Zutaten für 20 Portionen:

4,0 kg ausgelöstes Hasenfleisch
0,4 kg geräucherter Speck
0,4 kg Petersilienwurzeln
0,4 kg Möhren
0,3 kg Zwiebeln
200 g Tomatenmark
100 g Johannisbeergelee
2,2 L Wildfond
0,3 L trockener Rotwein
40 g Wildgewürz
10 g Macis, gemahlen
Speiseöl
Butterschmalz
schwarzer Pfeffer nach Geschmack
Salz nach Geschmack

Zubereitung:

1. Das ausgelöste Hasenfleisch in mundgerechte Stücke, die Möhren und Petersilienwurzeln in Scheiben schneiden und die Zwiebeln würfeln.

2. Etwas Speiseöl mit dem Wildgewürz vermischen, das Hasenfleisch damit vermengen und über Nacht im Kühlschrank marinieren lassen.

3. Am Herstellungstag die Hasenfleischstücke zusammen mit dem klein gewürfelten Speck in heißem Butterschmalz anbraten, dabei etwas mit Salz würzen und dann zur Seite stellen.

4. Danach das vorbereitete Gemüse kurz anschmoren, mit dem Rotwein ablöschen und wenn er etwas eingekocht ist, den Wildfond zugießen.

5. Anschließend das Tomatenmark und die Gewürze einrühren, das Fleisch wieder zugeben, den Eintopfofen verschließen und alles 2 Stunden auf kleiner Flamme schmoren lassen.

6. Nach dieser Zeit das Johannisbeergelee einrühren und den Hasenpfeffer nochmals pikant mit Salz und Pfeffer abschmecken.

7. Je nach Bedarf kann die Sauce dann noch mit in kaltem Wasser eingerührter Speisestärke etwas angedickt werden.

Pikantes Wildschweinragout

Zutaten für 20 Portionen:

4,5 kg Wildschweinkeule, ausgelöst
0,5 kg Pfifferlinge (Dose)
0,2 kg Zwiebeln
0,2 kg Möhren
100 g Preiselbeeren
100 g Creme fraiche
3 feste Äpfel
2 Knoblauchzehen

2,5 L Wildfond
0,3 L trockener Rotwein
10 g Zimt, gemahlen
3 Gewürznelken
Wildgewürz
Butterschmalz
weißer Pfeffer nach Geschmack
Salz nach Geschmack

Zubereitung:

1. Das Wildschweinkeulenschwein in mundgerechte Stücke schneiden, die Möhren, Zwiebeln und entkernten Äpfel klein würfeln und den Knoblauch hacken.

2. Dann die Fleischstücke rundherum mit Wildgewürz und Salz bestreuen, in heißem Butterschmalz von allen Seiten anbraten und zur Seite stellen.

3. Danach das zerkleinerte Gemüse, die Pfifferlinge und Apfelwürfel kurz anschmoren, mit dem Rotwein ablöschen und wenn er etwas eingekocht ist, den Wildfond zugießen.

4. Anschließend den Zimt einrühren, die Gewürznelken zugeben, den Eintopfofen verschließen und alles 2,5 Stunden auf kleiner Flamme schmoren lassen.

5. Nach dieser Zeit die Creme fraiche und Preiselbeeren einrühren und alles nochmals pikant mit Salz und weißem Pfeffer abschmecken.

6. Je nach Bedarf kann das Pikante Wildschweinragout dann noch mit in kaltem Wasser eingerührter Speisestärke etwas angedickt werden.

Sachwortregister

Bildnachweis

- **Foto von Tom Nagel:**
  Seite: 12

- **Fotos von „Grillstar.de GmbH“**
  Berliner Straße 504, 33334 Gütersloh
  Coverfoto oben rechts und Seite: 13

- **Fotos von „Bigstockphoto“:** Coverfotos oben links und unten
  Seite: 1, 3, 4, 11, 15, 16, 17, 18, 25, 30, 31, 37, 43, 47, 49, 51, 55, 59, 67, 68, 69, 72, 73, 74, 75, 78, 79, 81, 85, 91

Haftungsausschluss

Der Inhalt dieses Buches ist vom Autor unter größter Sorgfalt erarbeitet und überprüft worden. Dennoch kann für die gemachten Angaben keine Garantie übernommen werden und die juristische Haftung ist daher ausgeschlossen.
Die Umsetzung aller in diesem Buch enthaltenen Informationen erfolgt ausdrücklich auf eigenes Risiko. Rechts- und Schadensersatzansprüche sind daher ausgeschlossen.
Da Druckfehler und Falschinformationen nicht vollständig ausgeschlossen werden können, kann vom Autor für fehlerhafte Angaben und daraus entstandene Folgen auch keine juristische Verantwortung sowie Haftung in irgendeiner Form übernommen werden.